안세이 대지진의 생생한 기억과 교훈

-안세이 견문록 安政見聞録 -

숭실대학교 동아시아 언어문화연구소 문화총서 9

안세이 대지진의 생생한 기억과 교훈
－안세이 견문록安政見聞録－

초 판 인 쇄	2020년 12월 14일
초 판 발 행	2020년 12월 21일

역 주	김영호
발 행 인	윤석현
발 행 처	제이앤씨
책 임 편 집	최인노
등 록 번 호	제7-220호

우 편 주 소	서울시 도봉구 우이천로 353
대 표 전 화	02) 992 / 3253
전 송	02) 991 / 1285
홈 페 이 지	http://jncbms.co.kr
전 자 우 편	jncbook@hanmail.net

ⓒ 김영호 2020 Printed in KOREA.

ISBN 979-11-5917-163-5 03910   정가 13,000원

숭실대학교 동아시아 언어문화연구소 문화총서 9

안세이 대지진의
생생한 기억과 교훈
- 안세이 견문록安政見聞録 -

김영호金永昊 역주

제이앤씨
Publishing Company

 안세이安政 2년(1855) 10월 2일(양력 11월 11일) 저녁 10시 경 일본의 수도인 에도江戸에 진도 7 이상으로 추정되는 대지진이 일어났다. 지진이 일어난 지 열흘 후 막부에서 집계한 공식 기록에 의하면 사망자는 약 1만여 명에 달하며, 가옥은 약 1만 5천 채가 무너지거나 파손되었다고 한다. 일본은 예부터 지진, 화산, 태풍 등의 각종 재난이 끊임없이 일어나고 있었기 때문에, 당시 독자들은 일본의 수도이자 최대의 도시인 에도에서 일어난 지진의 피해 정보를 서둘러 알고 싶어 했다. 그리고 출판업계에서는 이러한 독자들의 수요를 재빨리 파악하여 안세이 대지진을 소재로 한 출판물들이 간행되게 되는데,『안세이 견문록安政見聞録』은 지진이 일어난 지 8개월

만인 안세이 3년(1856) 6월에 '안세이安政' 대지진이 일어난 이후의 모습에 대해 '보고見' '들은聞' 이야기 17화를 모아 간행된 것으로서 에도시대 후기에서 메이지明治 시대에 이르기까지 베스트셀러로서 폭발적인 인기를 모은 서적이다.

작자인 핫토리 야스노리服部保憲에 대해서는 범례를 보면 '이 책의 본래의 목적은 우리의 자손들이 충忠·효孝·의義에 정진할 수 있도록 최근에 보고 들은 것들을 기록했'다며 유교적인 교훈담으로 읽혀지기를 의도하고 있다는 점, 지진에 대해『주역周易』을 바탕으로 한 해석이 중점적으로 제시되어 있는 것으로 보아 유학자이거나 유교와 관련이 깊은 인물이라 추정되지만,『안세이 견문록』을 지었다는 것 외에는 알려져 있지 않다.

지진, 화재, 태풍, 화산폭발과 같은 각종 재난은 일본인의 의식구조에서 뗄 수 없는 불가분의 관계에 있다. 현재에도 일본은 재난이 끊이지 않고 있으며, 본서를 쓰고 있는 지금은 '코로나19'와 같이 '국가적인 재난'이라 불리는 사건이 맹위를 떨치고 있다. 이러한 재난이 닥쳤을 때 일본인은 무엇을 느끼고 어떻게 생각할까.

한편, 2011년 3월 11일, 일본 동북지방을 덮친 동일본 대지진과 그로 인한 쓰나미津波의 피해는 일본인들의 가치관과 정신세계에 커다란 영향을 주었다. 그리고 인문, 자연, 공학, 의학을 비롯한 각종 학문분야에서는 지진을 테마로 한 연구가 진행되고 있으며, 그동안 괄목할 만한 연구성과를 올렸다고 생각한다.

이와 같은 배경 속에서 역주자가 근무하고 있는 대학교에 한국의 자매교에서 총장단 일행이 방문한 적이 있었다. 당시 국제교류 과장의 안내로 쓰나미의 피해가 심했던 지역을 방문한 적이 있었는데,

"지금 이곳에서 저의 아들이 쓰나미로 인해 유명을 달리했습니다."

라는 이야기를 전해주었다. 그러자 한국측 일행은 걸음을 멈추고, 국제교류 과장의 아들을 비롯하여 소중한 생명을 잃어버린 이들을 위해 기도를 올린 적이 있었다. 역주자도 가벼운 마음으로 길을 나섰던 것을 반성하며, 한일 간의 정치적인 관계를 떠나, 그리고 종교적인 신념의 문제를 넘어 매우 눈시울이 붉어졌던 감정을 느꼈던 기억이 있다.

한국의 자매교에서의 방문 후 역주자의 미진한 능력으로 지진을 비롯한 재난과 관련된 일본의 문화를 한국에 어떻게 소개할 수 있을까 생각해 보았다. 본 역주서의 집필은 이러한 동기에서 출발한 것이다. 번역을 진행하다 보니 사와다 미즈호澤田瑞穂라는 중국문학자가 쓴『중국의 전승과 설화中国の伝承と説話』(研文出版, 1988)라는 책에 쓰여진 구절이 생각난다. 그는 전란으로 인해 목숨을 잃은 이들에 대해 생존한 사람들이 이야기를 전하는 것은 비운悲運의 인생을 살아간 이들에게 바치는 최소한의 진혼鎮魂의 공물供物이며, '설화의 민속적 기능을 무의식중에 계승하고 있는 것'이라 언급한 적이 있다. 산 사람이 목숨을 잃은 이들에 대한 이야기를 나눈다는 것은 결국 그들의 영혼을 위로하는 것이며, 이것은 우리가 논리적으로 이해해서라기보다 옛날부터 무의식적으로 계승해 왔다는 것이다.

『안세이 견문록』의 집필 동기는 앞서 언급한 것과 같은 작자를 둘러싼 상업적이며, 사회적, 외적인 동기도 있었겠지만, 사실은 내적이며 무의식적인 동기, 즉 지진으로 인해 희생당한 이들의 '이야기'를 전하는 것을 통해 그들의 영혼을 위로하기 위해 쓰여진 것이라 할 수 있다. 역주자의 번역 동기도 마찬가지로 동일본 대지진으로 인해 소중한 생명을 잃은 분들, 그들의 가족에게 조금이나마 위안이 되기를 기원하고자 하는 '무의식적인 동기'가 크게 작용한 것은 아닐까 생각된다.

※　　　　　　　※　　　　　　　※

마지막으로 본 역서가 간행되기까지 물심양면으로 도움을 주신 숭실대학교의 이시준 교수님께 심심한 감사의 말씀을 드리며, 이 책을 통해 일본인의 기저에 흐르는 정신세계에 대한 심도깊은 이해와 연구가 이루어지기를 기대한다.

차 례

12

| 일러두기 |

1. 본 역서의 저본으로는 역주자 소장본 『안세이 견문록 安政見聞録』을 사용했으며, 삽화는 와세다早稲田대학교 도서관 소장본(ヲ01-03755)과 역주자 소장본 중 상태가 양호한 것을 골라서 실었다.

2. 일본어 발음의 한글표기는 국립국어연구원의 한글맞춤법에 의거한 외래어 표기법에 따랐으나 예외로 '이' 계 장모음은 표기했다.
   예) 안세이安政, 히에이잔比叡山, 메이지明治

3. 거리, 무게, 길이, 시각 등의 단위는 일일이 주석으로 나타내지 않고 현재의 단위로 환산했다. 그러나 문맥에 따라 원문의 단위를 그대로 번역한 경우도 있다.

4. 주석과 한자병기倂記는 각 이야기마다 처음 등장할 때에만 실었다. 그러나 이야기가 바뀐 경우에는 이야기의 이해를 돕기 위해 앞 이야기와 동일한 내용의 주석 및 한자를 삽입했다.

5. 고유명사는 일본어 원음대로 표기하는 것을 원칙으로 했으나 서적이나 직책 등 경우에 따라 한국어로 표기하는 것이 그 성격에 대해 알기 쉬운 경우에는 한국어로 표기했다.

　예) 일본서기日本書紀, 천황天皇

6. 고유명사의 한자 병기는 '고유명사한자'로 했으며, 절, 산, 강은 의미가 중복되더라도 '절', '산', '강'의 표기를 덧붙였다. 그러나 '산'으로 끝나는 것은 예외로 했다.

　예) 엔랴쿠지延曆寺 절, 나리타야마成田山 산, 스미다가와隅田川 강, 하쿠산白山

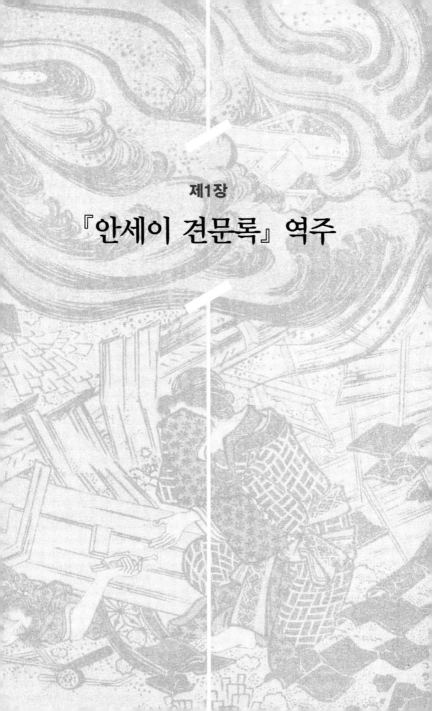

제1장

『안세이 견문록』 역주

『안세이 견문록』 서문

일본과 중국에서 옛날과 최근의 사례를 기록한 서적은 소가 땀을 흘리면서 운반할 정도로 무겁고 집안이 가득 찰 정도로 많이 있다.[1] 그러나 세상은 넓으며 각종 다양한 사건이 매우 많이 발생하기 때문에 복잡한 것을 싫어하여 간략하게 기술하는 경향이 있다. 그래서 원래

---

1 '한우충동汗牛充棟'의 고사에서 유래된 말이다. 당唐나라의 양대 문장가의 하나인 유종원柳宗元이 같은 시대의 역사학자인 육문통陸文通을 위해 쓴 '육문통선생묘표陸文通先生墓表'에서 '그들이 지은 책을 집에 두면 대들보까지 꽉차고, 밖으로 내보내면 소와 말이 땀을 흘린다(其爲書, 處則充棟宇, 出則汗牛馬)'라 말한 데에서 유래되었다. 이것은 공자孔子가 『춘추春秋』를 지은 지 천오백 년이 되는데 그에 대해 백 명, 천 명의 학자들이 주석을 해 놓았다. 그런데 그 내용을 보면 비뚤어진 해석이 넘쳐나 집안을 가득 메우고, 꺼내어 운반하면 수레를 끄는 말과 소도 그 무게에 땀을 흘릴 정도로 많다는 내용이다. 원래는 육문통 선생의 학설이야말로 공자가 지은 본래의 뜻에 합치된다는 것을 강조하며, 그 밖의 많은 학자들이 쓴 『춘추』에 관한 저서는 그 양이 매우 많지만 전부 무익하다는 것을 나타낸 말이었다. 원전에 의한다면 '충동우充棟宇', '한우마汗牛馬'의 순서가 되어야 하는데 이것이 거꾸로 되어 '한우충동'이 되었다. 이 말은 원래는 무익無益한 책이 많다는 것을 지적한 말이었으나 지금은 장서가 매우 많다는 뜻으로 긍정적인 의미로 사용되고 있다.

한문으로 기록된 책에서는 글자 수를 줄여 적은 글자로
의미가 통하도록 하는 것을 좋게 보는 경향이 있는 것
같다.

옛날에 오규 소라이荻生徂徠[2] 선생은 사이토벳토 사
네모리斎藤別当実盛[3]의 전기를 문인들에게 쓰도록 하고

2 1666~1728. 에도시대 중기의 유학자. 명나라의 이반룡李攀龍
과 왕세정王世貞 등이 제창한 문학이론으로서의 고문사古文辭의
영향을 받아 중국 고대의 언어나 문장에 대한 실증적인 연구를
진행함과 동시에 이 방법을 경학經學, 즉 유교 고전의 해석학에
적용했다. 따라서 성인의 도道가 기재되어 있는 고어古語의 뜻,
즉 고문의 문리文理에 정통해야 한다고 하여 고문사학古文辭學
이라는 새로운 학풍을 수립했다. 대표적인 저서로서는 『논어
징論語徵』이 있으며, 다자이 슌다이太宰春台와 핫토리 난카쿠服部
南郭와 같은 뛰어난 학자를 배출했다. 또한 그의 독창적인 학풍
이나 사상은 모토오리 노리나가本居宣長에 의한 국학의 형성뿐
만 아니라 조선 실학자들에게도 영향을 미쳤다는 사실은 잘 알
려져 있다. 정약용은 『논어고금주論語古今註』에서 오규 소라이
의 『논어징』을 인용하면서 일본의 글과 학문이 조선을 초월하
여 부끄러운 일이라 한탄했다고 한다.

3 ?~1183. 헤이안平安시대 말기의 장수. 처음에는 미나모토노 다
메요시源為義와 요시토모義朝를 모셨으나 헤이지平治의 난에서
요시토모가 패해 동쪽 지방으로 도망가는 도중에 헤어졌다. 그
후에는 다이라平씨를 따랐으며, 1180년에 미나모토노 요리토
모源頼朝가 군사를 일으키자 이시바시야마石橋山 산에서 미나모
토씨와 싸웠다. 1183년에는 다이라노 고레모리平維盛와 함께
요시나카義仲와 전투를 벌였다. 늙은 무사라 멸시받는 것을
싫어해서 흰 머리를 검게 염색하고 전투에 임했다는 일화나

글자수가 적은 것을 높은 성적으로 매겼다고 한다. 이것은 어떤 사람의 기록에도 보이는 것으로서 가능한 한 간결한 표현으로 하는 것이 훌륭한 작자라 할 수 있을 것이다.

그렇지만 일반 사람들을 위한 문장으로는 짧은 글로는 조금은 통하지 않는 점도 있는 법이다. 따라서 지금 이 견문록을 쓰는데 있어서는 문장이 번잡해지더라도 어쩔 수 없으며, 일반 사람들이 이야기하는 평이한 말을 사용하여 선과 악, 옳고 그름에 상관없이 보고 들은 대로 실어 사람들이 마음에 새겨야 하는 것들을 중심으로 하여 기록하기로 했다.

사람에게는 오기칠정五氣七情[4]이 있기 때문에 희노애락喜怒哀樂의 사이에서 자칫하면 마음이 어지러워지고 평

벗대에 걸려 넘어져 데즈카 타로手塚太郎에게 죽은 것에 원한을 품어 벼를 먹어치우는 벌레가 되었다는 전설은 유명하다.

4 오기五氣는 사람이 느끼는 다섯 가지 기운으로서 추움寒, 더움熱, 병풍風, 메마름燥, 습함濕을 말한다. 칠정七情은 사람이 느끼는 일곱 가지 감정으로서 기쁨喜, 노여움怒, 슬픔哀, 즐거움樂, 사랑愛, 미움惡, 욕심欲을 말하기도 하며 기쁨喜, 노여움怒, 근심憂, 생각思, 슬픔悲, 놀람驚, 두려움恐을 이르기도 한다.

정심을 잃어버리게 된다. 그러나 평상시부터 염두에 두어 대비하고, 마음속으로부터 느끼고 깨닫는 바가 있으면 갑자기 재난이 닥쳐 위급한 일이 일어나더라도 은혜를 잊어버리지 않고 의義를 잃어버리지 않는다. 이러한 이야기들을 자세하게 언급하여 아이들과 어리석은 이, 그리고 여인들이 깨닫는데 도움이 되기를 바란다.

때는 안세이 3년 병진丙辰년 늦여름

조젠晁善 핫토리 야스노리服部保德 쓰다

『안세이 견문록』목차

하권

절부節婦가 옷을 버리고 남편의 시체를 찾아낸 이야기

재산을 버리고 부모를 지킨 남자의 이야기

장님이 미래를 예견한 이야기

땅 속에서 불의 기운이 나온 이야기

신이 만민을 불쌍히 여긴다는 이야기

쥐가 땅 속에서 대량으로 나타난 이야기

두꺼비가 큰 뱀과 싸운 이야기

총 17화의 목록을 마치다

안세이安政 3년(1856) 4월 20일부터 후카가와深川 도미가오카富ヶ岡[5]의 경내境內에서 시모사下総 지방 나리타야마成田山 산[6]의 부동명왕不動明王[7]이 공개되었다. 이렇

5 　도쿄토東京都 고토쿠江東区 도미가토카富岡에 있는 후카가와 하치만구深川八幡宮를 지칭한다. 제신祭神은 오진応神천황, 아마테라스 오미카미天照大神 등으로서 덴표호지天平宝字 연간(757～765)에 창건되었다고 전해진다. 8월 15일이 예제例祭로서 현재에도 전후 3일간은 성대한 축제가 거행된다. 간다神田 마쓰리, 산노山王 마쓰리와 함께 에도江戸 3대 마쓰리의 하나이다.

6 　현재의 지바현千葉県 나리타시成田市 나리타成田에 있는 진언종 신쇼

게 성대한 것은 고금을 통틀어 드문 일이었다.

에도에 있는 료코쿠바시両国橋 다리[8]는 만지万治 2년

지新勝寺 절을 지칭한다. 연기緣起에 의하면 다이라노 마사카도平将
門의 난을 진압하기 위해 940년에 창건되었다고 한다. 당초의 부동
명왕은 구카이空海가 그린 것으로 전해진다. 관동 지방 유수의 유명
한 사원으로서 에도시대에는 에도에서 불상이 자주 공개되었다.

7 진언종에서 받드는 다섯 명왕의 하나로서 중앙에 위치에 있기 때
문에 '부동명왕'이라 한다. 여래의 명령을 받아 분노의 상을 나타
내고, 밀교의 수행자를 수호하고 도와 각종 장애를 제거하며, 마
중魔衆을 멸망시켜 수행을 성취시키는 존상이다.

(1659)에 처음으로 건설되었다고 어떤 책에 쓰여 있는 것을 본 적이 있다. 그 이후에 다리를 다시 건설할 때마다 나이가 많고 부부가 함께 살아있는 사람을 골라 먼저 건너도록 하는 것이 보통이라고 한다.

이번에는 안세이 2년(1855) 11월 23일에 다리가 다시 건설되었다. 그러자 술가게를 운영하며 집안에 세 부부가 살고 있는 가족으로 하여금 제일 먼저 건너도록 했다.

아버지	야에몬弥右衛門	85세	처	마사まさ	68세
아들	소베惣兵衛	47세	처	나오なほ	45세
손자	산조三蔵	26세	처	이토いと	23세
손자	다이조大蔵	15세			
손자	가메かめ	12세			
조카	에이노스케栄之助	7세			
조카	시게しげ	4세			
조카	운うん	1세			

---

8 스미다가와隅田川 강 하류에 걸려 있는 다리. 도쿄토 주오쿠中央区 히가시니혼바시東日本橋와 스미다쿠墨田区 료코쿠両国를 연결한다. 메이레키明暦의 대화재(1657년) 후에 착공되어 1659년에 완공되었다. 에도시대부터 벚꽃구경의 명소로 유명하다.

이상과 같다.

이 사람들이 제일 먼저 다리를 건너는 의식을 끝마치자 모두 기뻐하며 축하의 술을 나누어 마시고 있는 그림을 여기에 실어 둔다.

| 범례 |

○ 이 책의 본래의 목적은 우리의 자손들이 충忠·효孝·
의義에 정진할 수 있도록 최근에 보고 들은 것들을 기
록했으며 구태여 진위를 묻고자 함은 아니다. 근거가
확실한 이야기인데다가 누구나 주소와 성명을 알 수
있는 경우에는 누구인지 명기하지 않은 것은 조금은
아쉬운 일일지도 모른다. 그러나 지금 살아있는 사람
에 대한 일이기도 하고 조심스럽기도 하기 때문에 아
무개 마을 근처 아무개라고만 기록해 두었다. 이것은
그 개인이 중요하다기 보다는 그의 행동과 마음가짐
을 언급하는 것을 통해 젊은이들을 깨우치도록 하고
싶은 것뿐이다. 또한 그림을 많이 넣은 것은 어린 아
이들이 항상 가까이 두면서 보고 멀리 하지 않도록
하기 위한 배려이며, 학식있는 이들을 위해서는 아
니다.

○ 책의 내용 가운데 예전의 분세이文政⁹와 덴포天保¹⁰ 연간의 천재지변을 언급한 것이 있는데 이것은 『안세이 견문록』이라는 본서의 의도와 차이가 있는 것처럼 보일 것이다. 그러나 관련지어 기록하는 것을 통하여 최근에 있었던 사실을 알아주었으면 하기 때문에 실었다. 그 외에도 매우 오래전의 사례를 실은 것도 모두 이와 같은 의도로부터 한 것이다.

작자 다시 씀

---

9 1818~1830년. 제120대 닌코仁孝천황(재위:1817~1846) 시절의 연호. 분세이文政 13년(1830) 7월 2일(양력 8월 19일)에 교토京都를 중심으로 일어난 교토 대지진을 말한다. 진도 6.5로 추정되며 시가지를 중심으로 커다란 피해가 일어났다.

10 1830~1844년. 제120대 닌코천황 시절의 연호. 덴포天保 4년(1833)에 현재의 야마가타현山形県을 중심으로 진도 7로 추정되는 쇼나이庄内 지진이 발생했다.

『안세이 견문록』

상권

지진에 대해서

원래 하늘과 땅은 네 끄트머리에 구멍이 있어서 서로 연결되어 있다. 예를 들면 벌집 같기도 하고 또는 버섯의 주름 같은 것이라고 알려져 있다[11]. 그 안에는 물의 기운과 불의 기운이 숨어 있고, 불의 기운이 나오려고 해도 물의 기운에게 막혀 나올 수 없다. 그것은 마치 사람의 다리에 쥐가 나는 것과 같은 것이다. 그렇지만 때가 되면 불의 기운은 양陽의 기운이고 강하기 때문에 물의 기운이 가지고 있는 음陰의 기운을 부수고 분출한다. 이렇게 해서 대지가 흔들리게 되는 것이다. 이러한 이치가 하늘에 있을 때는 천둥이 일어나는데 이것도 같은 이치이다.

한편 북쪽 지방의 땅은 매우 춥기 때문에 열을 발생시킬 수 없다. 또 적도赤道 아래에서는 태양 때문에 불의 기운

---

11 이 내용은 데라시마 료안寺島良安이 지은 『화한삼재도회和漢三才図会』 제55권 「지부地部」의 「지진地震」을 참고한 것으로 생각된다.

이 밖으로 새어나가 편안하게 쉬고 있는 것 같다. 따라서 어느 쪽에서도 지진은 드물게 일어나는 것이다. 온난하고, 게다가 돌이 많은 땅은 아래에 '공혈空穴'이란 것이 있기 때문에 열기가 불어 들어오게 되면 냉기 때문에 극도로 수축하게 된다. 이런 경우에 심하게 흔들리게 되는 것이다. 심할 때에는 땅이 찢어지고 산은 무너지며 하천은 역류하여 재해는 최악의 상황이 된다. 대체적으로 천지에서 일어나는 재해 중에서도 지진처럼 끔찍한 것은 없다.

일본과 중국에서는 옛날부터 이 지진이 일으킨 재해에 대해 역사서에서 기록된 것은 헤아릴 수 없을 정도로 많다. 그러나 역사서에서는 단지 큰 지진으로 사람들과 소와 말이 많이 죽었다고만 기록되어 있고, 그 상세한 내용을 기술하고 있지 않기 때문에 이제는 이를 추측할 방법이 없다. 요즘에는 에치고越後 지방 산조三条의 지진[12], 분세이文政 연간에 일어난 교토京都의 지진[13], 덴포天保 연

---

12 분세이文政 11년(1828) 11월 12일(양력 12월 18일)에 현재의 니가타현新潟県 산조시三条市, 쓰바메시燕市, 미쓰케시見附市를 중심으로 일어난 진도 6.9의 산조三条 지진을 지칭한다.

13 분세이文政 13년(1830) 7월 2일(양력 8월 19일)에 현재의 교토京都를 중심으로 일어난 교토 대지진을 말한다.

간에 신슈信州 지방에서 일어난 지진[14] 등은 그다지 오래 전에 일어난 일은 아니지만 그에 대해 전해지고 있는 내용은 제각기 달라 자세한 사항은 알기 어렵다. 가에이嘉永 연간에 도카이도東海道에서 일어난 지진[15]은 아주 최근에 일어난 것이지만 말하는 사람에 따라 이야기가 서로 다르기 때문에 전해지는 내용은 전혀 정확하지 않다[16]. 다만 사람과 말이 깔려 죽거나 불에 탔다는 이야기를 듣고 그 천재지변의 광대함을 짐작할 뿐이다.

한편, 에도에서는 지진이 드물게 일어난다. 가끔씩 작은 지진이 있기는 해도 기와가 떨어질 정도는 아니다.

---

14 고카弘化 4년(1847) 3월 24일에 호쿠신北信 및 에치고越後 서부 지방을 중심으로 일어난 젠코지善光寺 지진을 말하는 것으로 생각된다.

15 가에이嘉永 7년(1854) 11월 4일(양력 12월 23일) 도카이도東海道(도쿄토東京都에서 교토까지 해안선을 따라 나 있는 가도)와 난카이도南海道(교토에서 시코쿠四国 지방으로 이르는 길)에 걸쳐 일어난 대지진과 다음날인 11월 5일에 일어난 교토·도카이도·호쿠리쿠도北陸道(교토에서 북동쪽인 니가타현 쪽으로 이어진 길)·산인도山陰道(교토에서 히로시마현広島県 및 시마네현島根県으로 이어진 길)에 걸쳐 일어난 대지진을 가리킨다.

16 넓은 지역에 걸쳐 대지진이 계속 일어났기 때문에 전해지는 말이 뒤섞이게 되어 사람들에게는 그 전모를 파악하기 어려웠기 때문이다.

여기에서 사람들이 흔히 하는 말로 에도에는 땅을 깊게
판 우물이 많기 때문에 거기에서 땅의 기운이 항상 발산
되고 있으므로 대지진이 적은 것이라고 해서 사람들은
완전히 안심하고 있었다. 그런데 지난 안세이安政 2년
(1855) 10월 2일(양력 11월 11일) 밤 10시가 지났을 때
갑자기 큰 지진이 일어나 귀하신 분의 저택은 무너지고
민가도 파괴되었다. 뿐만 아니라 사방팔방에서 불길이
타올라 캄캄한 밤이라 해도 마치 대낮처럼 밝았으며, 30
여 군데에서 화재가 일어났다. 검은 연기는 하늘을 태웠
으며 민가의 사람들은 대들보에 맞거나 횡목横木[17]·수
목垂木[18]에 깔리고 또 무너진 광에 눌려 죽은 사람의 수는
헤아릴 수 없었다. 우연히 목숨은 건져도 무너진 것들에
끼어 나올 수 없었으며 친족들이 그 옆에서 구하려고 해
도 역부족이었다. 그곳에 화염이 순식간에 접근했기 때
문에 구하지도 못하고, 산 채로 맹렬한 불에 타 금세 재

---

17 지붕의 뼈대를 이루는 부분 중에서 지붕의 맨 윗부분에 옆으
　로 설치하는 나무.
18 지붕을 지탱하기 위해 지붕 위에서 처마에 걸쳐 비스듬하게 설
　치하는 나무를 말한다. 서까래.

가 되어 버리는 것을 바라보아야만 하는 일이 있다는 것은 참으로 마음 아픈 이야기이다.

　생각해 보건대 이러한 처참한 천재지변을 만나 어떤 사람은 깔려 죽기도 하고 어떤 사람은 불에 타 죽기도 하고, 또 어떤 사람은 손발이 부러져 장애인이 되는 일 등은 그 수를 헤아리기 어렵다. 이들은 모두 악한 사람도 아니었으나 하필 그때 재난을 당해 비명횡사하여 생명을 잃은 것이다. 이것은 선한 사람과 악한 사람의 구별이 없이 모두에게 일어난 것이다. 이런 때는 선한 사람이라도 재난을 모면하는 것은 매우 어려운 일로서 우연히 행운과 불행의 차이가 있었던 것이다.

　한편, 생각지도 못한 재난을 만나 소란스럽고 어지러우며 두려운 상황에 빠져 있을 때 평소에 효심이 지극한 사람이나 충절忠節이 있는 사람처럼 올바른 마음가짐을 지닌 사람에게 저절로 공이 나타나는 경우도 있다. 이에 이 책에서 전해 들은 두세 가지의 예를 들어 후세에 격려가 되는 것으로 삼고자 한다. 그렇지만 그 주소와 성명을 명확하게 알고 있는 경우라도 폐가 되기 때문에 기록하지 않기로 했다.

36

효부가 비명非命에 죽은 이야기

무사시武藏 지방 센주슈쿠千住宿[19]라는 곳은 닛코日光로 향하는 길의 출구로서 크고 작은 여관들이 줄지어 늘어서 있어 시골이라고는 하지만 번화한 곳이다. 여기에 아무개라는 상인의 아내가 있었다. 나이는 21~22세쯤 되었으며 항상 시어머니를 잘 모시면서 효도를 다하고 있었다. 그런데 그날 밤에 지진이 일어났다. 집안의 남녀 열댓 명이

"어이쿠, 지진이로구나!"

라는 말을 할 사이도 없이 집 밖으로 도망쳐 나왔다. 이

---

19 무사시武藏 지방 아다치군足立郡(사이타마현埼玉県 고노스시鴻巣市에서 도쿄토東京都 아다치쿠足立区에 이르는 지역), 도시마군豊島郡(도쿄토 지요다쿠千代田区, 주오쿠中央区 등을 포함하는 지역)에 있는 스미다가와隅田川 강의 곡류부曲流部에 설치된 역참. 닛코日光나 동북 지방으로 갈 때 거쳐가는 첫 역참이다. 에도로 물자를 나르기 위한 중계지점으로 발전했으며 에도시대 말기에는 2,400호에 인구는 약 1만명에 달해 에도시대 4대 역참 중 최대 규모였다.

상인의 아내는 방에서 바느질을 하고 있었는데 매우 놀라 바늘을 버리고 바로 문을 박차 열고는 마당 쪽으로 나왔다. 지붕에서 기왓장이 떨어지는 모습은 마치 늦가을의 찬바람에 나뭇잎이 떨어지는 것과도 같았다. 격자 모양의 덧문도 순식간에 갑자기 부서져 넘어지고 말았다. 아내는

'이것은 도대체 무슨 일이 일어났는가'

라며 넋을 잃고 가슴은 뛰며 온 몸을 부들부들 떨면서 그 자리에 쓰러지고 말았다. 그러다가 정신을 차리고 주위를 둘러보았다. 시어머니의 모습이 보이지 않자

'나이가 들어 다리가 약해서 밖으로 나오시지 못한 것일까?'

라며 목소리를 높여 시어머니를 불렀다. 그러자 생각했던 대로 시어머니는 놀라서 도망치려고 몸을 일으켰으나 제대로 걷지 못하고 있는 모습이 보였다. 게다가 등불도 금방 꺼져버리자 마음만 조급해져 어찌할 바를 모르면서 신음하고 있었던 것이었다. 그러던 중에 지진 때문에 흔들림이 심해 장지문은 떨어져 나가고 상인방上引枋[20]은 떨어져나와 지나가는 길을 가로막았다. 시어머니

는 어떻게 해야 할지 몰라 제정신이 아니었는데 그때 며느리의 목소리가 들려왔다.

"어머님! 어디에 계십니까?"

라며 몇 번이나 부르는 목소리가 들렸다. 이에 힘을 낸 시어머니는

"여보거라. 여기에 있느니라."

라 대답하며 며느리의 목소리를 의지하며 밖으로 빠져나가려고 했다. 며느리는 시어머니의 목소리를 듣고

"아직 집 안에 계십니까? 빨리 이쪽으로 오십시오."

라 외치며 달려들어가 서둘러 시어머니를 업고 곧바로 밖으로 나가려고 했다. 그때의 일이었다. 참으로 슬퍼할 만한 일이로다. 옆에 있던 기둥이 부러지고 2층의 대들보가 그 위에 무너져 이 때문에 두 사람 모두 쓰러져버렸다. 일어나려고 해 보았으나 일어나지 못하고 두 사람은 곧바로 숨을 거두어버렸다.

그 때 남편은 볼일이 있어서 다른 곳으로 가 있었다. 지진이 일어나자 놀라고는 지진이 멈추기를 기다려 한

---

20 창문 위 또는 벽의 위쪽 사이를 가로지르는 인방을 말한다. 창이나 문틀 윗부분 벽의 하중을 받쳐주는 역할을 한다.

효부孝婦가 시어머니를 구하기 위해 집으로 들어갔다가 오히려 비명에 죽다.

걸음에 집으로 돌아왔다. 집안사람들이 걱정이 되어 주위를 찾아보자 하인들은 대부분 밖에 있었지만 어머니와 아내가 없었다. 놀라서 집안을 들여다보자 집안은 여기저기 무너지거나 기울어져 있었고 지붕은 떨어져 안으로 들어갈 수도 없었다.

'틀림없이 어머니와 아내는 이 안에서 신음하고 있을 것이다.'

라 생각하고 소리 내어 이름을 불러 보았지만, 아무런 대답이 없었다. 점점 더 걱정스러운 생각이 들어 달아난 하인들을 불러 있는 힘을 다해 덮여있는 지붕에 구멍을 내고 쓰러진 기둥과 횡목을 겨우 제거해 보았다. 그러자 아내는 어머니를 업고 그 자리에 엎드린 채 깔려 있었고, 얼굴 여기저기에서는 피가 흘러내리고 있어 차마 눈 뜨고 볼 수 없는 광경이었다. 잠시 슬픔에 잠겨 있었으나 가만히 있을 수는 없어 곧 관을 갖추고 보리사菩提寺[21]로 보냈다고 한다.

---

21 일가가 대대로 한 절에 귀의하여 그곳에 묘소를 정하고 장례식을 치르며 법회 등을 의뢰하는 절.

※   ※   ※

이에 논찬하여 말한다. 며느리의 독실한 마음가짐은 남자 이상이었다. 처음에는 놀라서 앞뒤도 가리지 않고 혼자 달아난 것은 보통 사람이라면 누구나 그렇게 할 수밖에 없다. 그런데 이 며느리는 시어머니가 보이지 않는 것에 놀라 지진을 두려워하지 않고 무너진 집 안으로 달려들어가 시어머니를 업고, 재난을 피하려고 했으나 불행히도 비명非命에 죽어버렸다. 나중에 이 점을 비판하면서

"애초에 도망칠 때에 시어머니도 함께 모시고 갔더라면 이러한 재난은 없었을 텐데. 그 때 이 점을 잊어버렸으니 효행이라 할 수 없다."

고 말하는 사람이 있다. 확실히 이치상으로는 그렇지만, 재난이 닥쳐도 침착하게 있을 수 있는 것은 현인군자賢人君子 이상이 되는 인물이라야 가능할 것이다. 남자라 할지라도 보통 사람이라면 어찌 침착하게 행동할 수 있겠는가. 하물며 여자의 몸으로서 침착하게 행동하는 것은 어려운 일이다. 따라서 이 여인은 지극한 효성을 다했다

고 해도 지나치지 않다. 다만 의문이 남는 것으로는 이러한 마음가짐을 가지고 있는 사람이라 할지라도, 불과 두세 발자국 차이로 죽음을 피하지 못했다는 것인데 이것은 정말로 천명天命이라 할 수 있을 것이다.

효녀가 죽기 전에 유품을 남긴 이야기

여기에 슬픔을 남긴 또 다른 이야기가 있다. 후카가와深川 도미카와초富川町[22] 근처로 들은 적이 있는데, 이곳에 가시와柏 댁 아무개라는 사람이 살고 있었다. 예전에는 부유하게 살고 있었으나 불운이 계속되자 지금은 점점 가난해지게 되어 하인들도 돌려보내고 부부 둘이서만 매우 외롭게 살고 있었다. 10월 3일은 돌아가신 어머니의 기일忌日이기 때문에 간소하게 법회法會를 행하고 친한 이에게도 제사 음식을 돌리려고 했다. 10월 2일은 체야逮夜라 하여 기일의 전날이기 때문에 아침 일찍부터 야채를 준비하고 밥을 지었다. 그 당시 100~200m 정도 떨어진 곳에서 목수를 하는 아무개에게 스무 살 정도 되는

---

22 현재의 도쿄토東京都 고토쿠江東区 모리시타森下 4번지와 5번지에 해당한다.

딸이 있었는데 평소부터 친하게 왕래하고 있었다. 이날
도 내일 있을 제사를 도와주기 위해 이 집에 와서 매우
열심히 일하면서 부부의 일손을 덜어주었다.

이렇게 그날 밤 여덟 시쯤에는 일도 대충 끝났기 때문
에 딸은 집으로 돌아가려고 했다. 그 때 가시와 부부가
딸을 멈춰 세우더니

"이제 곧 열 시가 되기 때문에 오늘 밤은 여기에서 묵
고 내일 아침 일찍 돌아가거라."

라 말하자 딸은 그 말에 따라 그 집에서 묵었다. 아직 어
지럽게 널려 있는 도구들을 정리하고 있는 사이에 벌써
열 시가 되었다. 이제 곧 자려고 이부자리를 펴려고 하
고 있을 때 갑자기 하늘이 어지럽게 흔들리더니 집이 무
너지려 하는 것이었다. 세 사람은 깜짝 놀라 대문을 당
겨 열고 곧바로 밖으로 달려나갔다. 그러자 곧바로 가시
와의 집이 큰 길 쪽으로 완전히 무너져 버렸다.

"조금만 더 늦었으면 기둥에 맞아 다쳤을 뻔 했다. 위
험했구나."

부부는 이렇게 한숨을 쉬면서 몸을 웅크리며 앉았다.
딸은 이것을 보더니

"부모님의 안부가 걱정이 됩니다. 실례하겠습니다."
라고 말을 하자마자 한걸음에 달려갔다. 부부는 딸을 부르면서 말했다.

"네 말이 맞구나. 지금 함께 가서 부모님을 찾아보자. 조금만 기다리거라."

그러나 딸은 이 말이 들렸는지 안 들렸는지 대답도 없이 달려갔다. 가시와는 아내에게

"원래부터 세상에 둘도 없이 효심이 지극한 딸이기 때문에 마음속으로 그렇게 생각했을 것이오. 길은 가깝지만 이미 밤이 깊었으니 혼자서 보낼 수는 없소. 나는 뒤를 따라 딸아이를 부모의 집으로 함께 데리고 갈테니 부인은 여기에서 집을 지키시오."
라 말하고 달려갔다. 이 근처는 특히 지진이 심했고 게다가 가옥이 오래 됐기 때문에 쓰러지지 않은 집은 거의 없었다.

그러한 집을 대여섯 채 지나치다 보니 여인의 외치는 목소리가 들려왔다.

"아아 괴로워! 살려주세요."

희미하게 들리는 그 목소리를 듣고 있자보니 그 딸의

목소리와 매우 닮아 있었다. 가시와는 이상하게 생각하고 이곳저곳 살펴보았다. 그러자 바로 옆에서 무너진 처마 밑에 몸이 끼어 일어나지도 못한 채 힘껏 외치고 있는 여인이 있었는데 다름아닌 그 딸이었다. 가시와는 이를 보자 몹시 놀라,

"그래서 나랑 같이 갔더라면 이런 봉변은 당하지 않았을 텐데 안타깝게 되었구나."

라며 처마 끝부분의 쓰러진 횡목을 손으로 들어올리려 했다. 그러나 공교롭게도 횡목이 너무 커서 혼자 힘으로는 움직이지도 않았다. 그 주변에는 남녀노소가 허둥지둥대며 몰려 있었지만, 부모는 자식을 잃고 아내는 남편을 찾으면서 괴로워하며 신음하고 있었기 때문에 누구 한 사람이라도 도와주려고 하는 사람이 없었다.

그러다가 두세 채 건너 집에서 불이 타오르기 시작하더니 순식간에 맹렬한 불길이 되어 그 불꽃이 사방팔방으로 튀었다.

"앗! 화재다!"

라며 저마다 무너진 집을 헤치고 들어가 가재도구를 꺼내려고 했다. 그때 집에 깔린 채 아직 죽지도 못하고 불

길에 타려 하는 사람들이 온 목소리를 다해

　"살려주시오!"

라며 울며 소리치면서 도움을 청했다. 실로 초열지옥焦熱地獄[23]의 고통도 이 정도는 아닐 것이라 생각이 들었다. 가시와는 이들의 목소리를 듣다보니 가슴은 심하게 두근거리고 마음은 조급해져 횡목을 들어올리려 했지만 힘이 부족했다.

　그때 가시와의 아내가 불길에 놀라 남편을 찾아 이곳에 오자 가시와가 말했다.

　"잘 와 주었소. 힘을 합쳐 이 나무를 들어 올립시다."

　아내는 눈치가 빠른 여인으로 저쪽으로 돌아가서는 양팔을 걷고 나무를 있는 힘껏 끌어당겼다. 그러나 수목垂木[24], 벽, 흙, 지붕, 기와가 상당히 겹쳐져 있어서 쉽게 움직이지 않았다. 부부는 점점 애가 타며 딸을 살리려고

---

23 팔대지옥八大地獄의 하나로서, 살생殺生, 투도偸盜, 사음邪婬, 음주飮酒, 망어妄語, 사견邪見의 죄를 저지른 이가 떨어지는 지옥이다. 죄인은 철가마 위에서 몸이 타며 뜨거운 쇠방망이로 두들겨 맞는 고통을 받는다고 한다.

24 지붕을 지탱하기 위해 지붕 위에서 처마에 걸쳐 비스듬하게 설치하는 나무. 서까래.

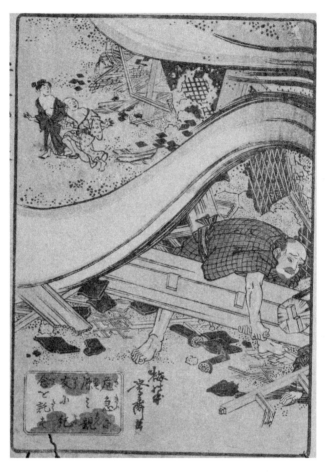

위급함에 처했을 때 믿을 수 있는 이에게 유품을 부탁하다.

했지만 어찌 해 볼 도리가 없었다. 그 사이에 타오르는
불길은 벌써 바로 옆까지 다가와 이미 세 명을 덮치려고
했다.

이때 딸이 가느다란 목소리를 내며 부부를 불렀다.

"저를 구해주시려는 마음은 감사합니다만 이제는 벌
써 불길도 가까이 다가왔으니 도망가려 해도 도망갈 수
없습니다. 섣불리 저를 도우시려다 가시와 님 부부까지
다치시면 이 몸의 죄는 더 깊어집니다. 이제 저를 그만
놓아두시고 조금이라도 서둘러 불길을 피하십시오. 어
차피 이 몸은 죄업이 깊으니 이런 고통을 당하는 것도 전
생의 업보일 것입니다. 이제는 어쩔 수 없습니다. 서둘
러 이곳을 떠나십시오. 아시다시피 저의 부모님은 모두
나이 드시고 일도 못하시기 때문에 저만을 의지하며 살
아오셨습니다. 그런데 여기서 제가 죽으면 누구를 의지
하며 사실지 모르겠습니다. 부탁이오니 가시와 님 부부
께서 저를 대신해서 부모님을 보살펴주시길 부탁드립니
다. 이것만이 저의 마지막 소원입니다."

이러한 때에 이르러서도 더욱더 부모를 염려하는 안
타까운 마음씨에 가시와 부부는 눈물을 주르르 흘리며

대답했다.

"그것만은 안심하거라. 우리들이 살아 있는 한 잘 보살펴 드리겠다."

그러자 딸은 기뻐하며 머리에 꽂은 빗[25]과 비녀를 직접 빼내서 가시와의 아내에게 전해주었다.

"이것은 오랫동안 머리에 꽂으며 소중히 간직하고 있던 것입니다. 이것을 어머니에게 전해드리십시오. 그리고 이것을 유품으로 삼으시면서 제가 생각나실 때면 불공을 한 번 올리시면서 저의 명복을 빌어달라고 전해주십시오."

이렇게 말하다 보니 벌써 맹렬한 불길이 가까이 다가와서 온 몸이 불에 탈 정도로 뜨거웠다. 가시와 부부는 너무 불쌍해서 차마 자리를 떠날 수 없었다. 그러자 딸이 이야기했다.

"빨리 몸을 피하세요. 보잘 것 없는 이 몸 때문에 만약 잘못되기라도 하신다면 그 때는 후회해도 소용없습니다. 자, 어서 어서."

---

25 원문은 '蒔絵の櫛'이다. 금이나 은가루로 칠기표면에 무늬를 놓는 일본의 전통적인 공예품이다.

이렇게 이야기했기 때문에 부부는 안타깝기는 했으나 그렇다고 해도 더 이상 어찌할 방법이 없이 눈물을 흘리며 자리를 떠났다.

그러는 동안에 가시와의 집에도 불길이 가까이 다가오고 있었다. 가시와는 부족하기는 하지만 일단은 갈아입을 옷가지나 없어서는 곤란한 세간을 하나 둘 꺼내려고 안으로 들어갔다. 그러나 사방팔방으로 불어오는 연기에 목이 막히고 재는 눈에 들어가 더 이상 움직일 수 없었다. 쓰러진 처마 끝에는 벌써 불이 타올랐기 때문에

'이제는 더 이상 안 되겠구나.'

라며 자그마한 보따리를 짊어지고 그곳을 피해 나왔다. 그리고는 일단 목수의 집으로 갔다. 이곳을 보니 자신의 집보다 흔들림이 덜 심했는지 조금만 무너져 있었다. 그래서 일단 무사한 것을 기뻐한 후 그간의 일을 자세히 말하고 머리빗과 비녀를 꺼내 딸의 어머니에게 전했다. 그러자 어머니는 미친 듯이 되어 딸이 불에 탄 자리에 달려가 보았다. 그러자 딸은 새카맣게 타 연기만 나고 있었고 생전의 모습은 전혀 알아볼 수 없게 되었다. 다만 괴로움 때문인지 얼굴만은 땅에 파묻고 있었기 때문

에 불에 덜 타서 뚜렷한 모습이었다. 이로 인해 틀림없이 자신의 딸인 것을 알고 슬퍼하는 모습은 이루 비할 수 없었다. 어머니는 딸과 함께 죽고 싶다며 슬퍼했으나 주위 사람들의 충고로 결국 죽은 딸의 장례를 치렀다고 한다.

※　　　　　※　　　　　※

이에 논찬하여 말한다. 하늘의 도는 선한 이에게 복을 내리며 악한 이에게 화를 내린다고 한다. 그러나 이 딸은 재난을 당해 산 채로 그 몸이 불에 타 죽었다. 이와 같은 위급한 때가 되어도, 오히려 부모의 안부를 잊지 않고 믿을 수 있는 이에게 직접 유품을 맡겨 미련 없이 죽을 수 있었다. 이런 훌륭한 지조가 있으면서도 비명非命에 죽음을 면치 못했던 것이다. 불교에서 말하는 이른바 '숙업宿業'이란 것은 이런 것을 말하는 것일까.

미천하고 늙은 노인이 천재지변을 예견한 이야기

한편, 2~3천 석의 땅을 거느리는 집이 있었다. 그 집에는 문지기를 하는 늙은 남자가 있었는데 오랜 세월 동안 주인집을 성실히 모시고 있었다. 원래 이 노인은 천한 신분으로서 글자도 모르는 매우 평범한 노인이었다. 그런데 10월 2일 저녁 무렵이 되어 문 밖으로 나가 사방을 바라보고 있더니 곧바로 안으로 들어가 동료들에게 가르쳐 주었다.

"오늘 밤 분명히 지진이 있을 것이고 심하게 흔들릴 것이라네. 집 안에 있으면 분명히 다칠 것이니 미리 준비하는 것보다 나을 것은 없다네. 미리 준비해야 할 첫 번째 것은 다름이 아니라 음식이라네."

그러더니 서둘러 약간의 쌀을 씻은 후 부엌에 들어가 밥을 지었다. 동료들 중에서는 이 이야기를 듣더니 함께 쌀을 씻고 밥을 짓는 이도 있었다. 이윽고 늙은 노인이 저택 안을 구석구석 뛰어다니면서 사람들에게 이 사실을 알리자 그것을 믿는 이도 있었으나 한편으로는

　"그 늙은 노인이 무엇을 알겠는가. 대개 천재지변 같은 것은 현인군자賢人君子도 예측하기 어려운 것이다. 하물며 그 노인이 알 턱도 없다. 분명히 여우나 너구리에게 홀려 그런 헛된 소리를 하는 것일 것이다."
라며 많은 사람들은 비웃고 조롱했다.

　노인은 밥을 다 짓고 이것을 작은 통에 넣어 된장과 절인 야채 등을 곁들여 뒷문에 있는 마구간으로 가지고 간 후 거적을 깔았다. 동료들도 마찬가지로 그 곳으로 와서 함께 있었는데 그 숫자라 해도 전부 서너 명이 고작이었다. 이런저런 잡담을 나누다 보니 벌써 저녁 여덟 시를 지나 열 시가 가까워졌다. 그래도 아직 특이한 일은 일어나지 않았다. 이날 밤 날씨는 따뜻했고 춥지는 않았지만, 그래도 그때는 10월 초였기 때문에 오랜 시간 동안 이곳에 있는 것은 견디기 어려웠다. 이윽고 동료들은 노인에게 속았다는 생각이 들어 자신의 방으로 돌아가는 이도 있었고, 또는 노인의 말을 굳게 믿고

"아직 한밤중이 되지도 않았는데 성급하게 돌아가
다니"
라며 이곳에 계속 남아있는 이도 있었다.

그러는 사이에 야간에 순찰을 도는 이의 딱따기[26] 소
리가 들렸다. 벌써 열 시가 된 것이다. 이 때 하늘을 보니
흐릿한 것이 마치 구름이 덮은 것 같았으며 별빛이 가까
이 보였다. 노인은 사방을 바라보면서 아무말도 하지 않
고 혼자 고개를 끄덕이고 있었다. 그때, 회오리바람이
갑자기 일어난 것 같은 소리가 들리더니 대지가 갑자기
울리며 흔들리고 주변의 풀과 나무는 파도처럼 넘실
거리며 집들이 무너지는 소리가 귀를 찢는 듯 했다. 노
인은

'생각했던 대로구나.'
라며 거적 위에 단단히 엎드려 있었다.

잠시 후 진동이 가라앉자 노인을 비롯해 빙 둘러 앉아
있던 이들은 슬슬 일어나서 돌아가 동네를 살펴보았다.

---

26 직사각형으로 짧게 깎은 두 개의 나무로서, 신호를 보내기 위해
딱딱 소리를 내거나 박자를 맞추기도 하며 순찰할 때 사용하기
도 했다.

무너진 집도 있었고, 횡목橫木이 떨어져 나가고 대들보가 부러져 깔려 죽은 사람도 있었다. 또한 손발이 부러져 죽지도 못하고 신음하고 있는 사람도 있었으며, 아이는 부모를 찾고, 부모는 자식을 잃고 울며 소리치는데 그 모습은 차마 눈 뜨고 볼 수 없었다. 집 안쪽은 어떤지 들어가 보았지만 이 역시 심하게 무너져 가고자 하는 곳으로 갈 수 없었다. 화로 위에는 물건들이 떨어져 이제 곧 불타 오르려 하고 있었다. 노인은 동료들에게 이 사실을 알리고 물을 길어 와서 불을 끄자 일단 큰 일은 일어나지 않았다.

그 후 이 집 주인이 이 이야기를 듣고 노인을 불러 말했다.

"자네는 어찌하여 지진을 예견할 수 있었는가. 정말로 자네가 없었다면 이 집은 순식간에 잿더미로 되어 버렸을 것인데 불을 끄고 집안을 둘러본 자네의 덕이 크구나."

그리고는 많은 상을 내려주자 노인은 예를 올리며 대답했다.

"저는 그저 비천한 보통 노인입니다. 어찌하여 천재

지변을 미리 알아차릴 수 있겠습니까. 단지 저는 불행하여 젊은 시절부터 지금까지 이런 지진을 세 번이나 만났습니다. 저는 원래 에치고越後 지방의 산조三条[27]에서 태어났습니다. 지난 분세이文政 11년(1828)에 서른 살이 되었을 때 큰 지진이 일어나[28] 집이 무너지고 죽은 사람은 헤아릴 수 없이 많았습니다. 저는 다행히도 그 재난을 면하기는 했지만 화재가 나서 가재도구와 농기구가 남김없이 불에 타버렸기 때문에 하는 수 없이 정처 없이 방황하는 신세가 되었습니다. 그러다가 옆 지방인 시나노信濃 지방[29]으로 찾아가 그곳에서 세월을 보내고 있는 중에 고카弘化 4년(1847) 2월에 다시 시나노 지방에서 큰 지진[30]이 일어났습니다. 마침 젠코지善光寺 절[31]의 여래불

---

27 현재의 니가타현新潟県 산조시三条市에 해당한다.

28 분세이文政 11년(1828) 11월 12일(양력 12월 18일)에 현재의 니가타현 산조시, 쓰바메시燕市, 미쓰케시見附市를 중심으로 일어난 진도 6.9의 산조三条 지진을 지칭한다.

29 현재의 나가노현長野県에 해당한다.

30 고카弘化 4년(1847) 3월 24일(양력 5월 8일)에 일어난 호쿠신北信 및 에치고越後 서부 지방을 중심으로 일어난 젠코지善光寺 절 지진을 말하며 본문에서 2월이라 한 것은 잘못이다.

31 현재의 나가노현 나가노시長野市에 있는 절이다. 근세 이래로 천태종의 대권진大勧進과 정토종의 대본원大本願이 관리하고 있

상을 개장開帳[32]하여 매우 번화했고 여러 지방에서 참배하러 온 사람들이 엄청나게 이곳으로 모여 있었습니다. 그렇기 때문에 즉사하거나 부상자가 많았던 것은 잘 알려져 있습니다. 그때도 저는 다행히 별탈이 없었고, 그후에는 에도江戶에 와서 오랜 시간 동안 은혜를 입고 있습니다.

그런데 처음 산조에서 큰 지진이 있었을 때 어느 박식한 사람이

"대개 큰 지진이 있을 때에는 하늘은 흐릿하며 가까워 보이고 별빛이 평상시의 두 배로 크게 보인다네."

라고 말했습니다. 또한 날씨가 따뜻해진다고 들은 것을 지금도 잊지 않고 있습니다. 그래서 밤마다 하늘을 바라보았을 때 별빛이 변하지 않았기 때문에 안심하고 있었습니다. 신슈信州 지방[33]에서 일어난 젠코지 절 지진은 2

으며, 예부터 종파의 차이를 넘어 널리 신앙을 모은 절로 유명하다.

32 사원에서 평소에는 공개하지 않는 불상 등을 몇 년의 간격으로 특정한 날에 한하여 참배인에게 배관을 허락하는 것을 말한다. 현재 젠코지 절은 7년에 1번씩 개장한다.

33 앞에서 등장한 시나노信濃 지방의 다른 이름으로 현재의 나가노현에 해당한다.

월에 일어난 것으로서 2월이면 그 지방은 특히 추위가 심한데도 불구하고 그 당시에는 매우 따뜻하여 평소와는 다르다고 생각하고 있었습니다. 그런데 그 전날 밤부터 별빛이 특히 크게 빛나더니 묘성昴星[34] 중에서도 쌀겨처럼 작은 별들까지도 선명하게 보였습니다. 뿐만 아니라 소리개가 날고 까마귀가 시끄럽게 울기 시작하며 꿩이 소리를 맞추어 우는 일이 있었습니다. 이것 모두 지진의 징조라며 친한 사람에게 가르쳐 주고 몰래 준비했습니다. 그러자 과연 그 다음날 밤에 큰 지진이 있었습니다. 저는 다행히도 준비를 해 둔 덕분에 아무런 상처도 입지 않았습니다만 그곳에서도 가재도구를 전부 잃어버렸기 때문에 하는 수 없이 에도로 나온 것입니다.

---

34 겨울철 별자리 중에서 황소자리의 어깨 부분에서 빛나는 플레이아데스(Pleiades) 성단을 말한다. 지구에서 약 400광년의 거리에 있으며 육안으로는 5~7개의 별이 몰려 있는 것을 확인할 수 있다. 육안으로 볼 수 있는 가장 큰 성단으로서 좁은 범위에 작은 별들이 밀집되어 있는 특이한 경관을 이루고 있기 때문에 예부터 여러 민족에서 많은 기록이 나타난다. 일본에서는 세이쇼 나곤清少納言의 『마쿠라노 소시枕草子』 제236단에서 '별은 묘성昴星이 아름답다(星はすばる)'라 하여 제일 먼저 묘성을 언급하여 아름답게 빛나는 모습을 칭송하고 있는 구절은 유명하다.

생각해 보면 늙은이 젊은이 할 것 없이 수 없이 죽은 가운데 제가 무사할 수 있었던 것은 전부 그 전조를 들어 두었기 때문이며, 그 후에는 더욱더 이를 믿고 밤마다 하늘을 살펴보지 않는 날은 전혀 없었습니다.

그런데 요 하루 이틀 사이에 다시 지진의 전조가 있었기 때문에 맞아떨어질지의 여부는 몰랐습니다. 그럼에도 불구하고 일단은 사람들에게 알렸습니다만 미천한 이가 말한 것이라며 얕보았던 많은 사람들은 죽거나 다쳤습니다. 저의 말을 믿은 사람들이 모두 무사할 수 있었던 것은 저의 기쁨입니다."

그러자 집주인이 이 말을 듣더니

"비천한 사람 중에도 공을 세운 이가 있다[35]는 말이 있는데 그 말은 바로 이 일을 말하는 것이로구나."

라며 크게 감탄했다고 한다.

---

35 원문은 '野夫にも功の者あり'이다. 여기에서 '비천한 사람野夫'은 '덤불藪'과 발음이 같으며, '공적功'은 '굳세다剛'와 발음이 같아 두 가지 뜻을 상징한다. '우거진 수풀에서도 강직한 나무가 있다'와 '비천한 사람 중에서도 의외로 훌륭한 이가 섞여 있다'의 두 가지 뜻을 가진 표현이다.

비천한 노인이 천재지변을 알고 주인집에서 일어난 화재를 끄다.

※   ※   ※

이에 대해 고찰해 보면 이 노인과 관련된 사례는 앞으로 정말로 잘 알아두어야 한다. 『화한삼재도회和漢三才図会』[36]의 「지진地震」조条에는 다음과 같은 구절이 있다.

땅 속에는 구멍이 있고 벌집처럼 되어 있으며, 물 밑으로는 양의 기운이 항상 드나들고 있다. 그 음양이 조화를 이루어 좋은 상태를 이루고 있는 것이 평상시의 상태이다. 만약 양기가 막혀 나오지 못한 채 세월이 흐르면 땅이 팽창하고 물은 수축한다. 그래서 우물의 물이 마르고 기후가 따뜻해진다. 예를 들

36 1712년에 성립. 데라시마 료안寺島良安 저. 중국의 『삼재도회三才圖會』를 모방하여 중국과 일본의 고금의 만물에 대하여 천문·인륜·초목 등 96종류로 분류하고 한문으로 설명한 에도시대의 백과사전. 105권으로 구성되어 있다. 각 항목은 저자가 실제로 전국을 다니면서 답사를 한 후 종류, 제법, 용도, 약효 등을 명기하여 객관적, 합리적인 설명이 곁들여 있다. 『화한삼재도회』는 당시 일본에서 가장 권위 있는 백과사전으로 평가받고 있었으며, 이를 인용하는 것을 통해 『안세이 견문록』에서의 교훈 및 계몽적인 내용도 당시의 독자들에게는 설득력을 갖게 되는 역할을 했다.

어 떡을 구울 때 불기운이 통하면 그 떡은 부풀어 오르는데 이러한 이치와 완전히 비슷하다. 한편 지진이 일어나려 할 때에는 하늘이 낮게 보이기 때문에 별의 크기가 평상시의 두 배로 보인다. 땅이 상승하고 하늘이 하강하기 때문이 아니다. 비가 내리기 시작할 때, 산이 매우 가까이 보이는 것과 같다. 그때까지 억눌려 있던 양기가 분출하면 이 때문에 땅이 진동한다. 그래서 처음 지진이 시작된 때에는 맹렬하지만 그 다음에는 약해진다. 그 후에 작은 지진이 종종 있는 것은 억눌려 있던 양기가 아직 전부 나오지 않았기 때문이며, 그 후 반 년에서 일 년이 지나도 그 영향이 남아있는 것이다. 한편 대지진 때에는 바다에서 흙탕물이 솟아올라 검은 파도가 산처럼 되어 거슬러 올라온다. 사람들은 이를 쓰나미津波라 하는데 이것은 부풀어 오른 곳의 지면이 갑자기 줄어들어 가라앉기 때문이다. 따라서 먼 바다에서는 파도가 조용하고 평상시와 다르지 않지만 해안에서만 쓰나미가 일어나는 것이다.

그 노인이 별을 보고 이변이 있을 것이라는 것을 알아차린 것은 이 이야기와 매우 일치한다.

덧붙여 말하자면, 이 때에 비천한 노인의 말을 무시하고 전혀 조심하지 않은 사람들은 많이 죽었다고 한다. 한 글자도 모르는 노인이라 하더라도 깊이 생각한 후 말한 것이기 때문에 무시해서는 안 된다.

한편, 『우지슈이 모노가타리宇治拾遺物語』[37]에 다음과 같은 이야기가 전한다.

중국에 한 할머니가 살고 있었다. 아침 일찍 일어나 뒤편의 언덕에 올라가서 돌아오곤 했는데 이것을 추운 날이고, 더운 날이고, 맑은 날이고, 비가 오는 날이고 상관없이 매일 하는 것을 자신의 일과로 삼고 있었다. 많은 사람들은 그 이유를 모른 채 의아해 하고 있었다. 어느 날 젊은이들이 할머니에게 그 이유를 묻자 할머니는 이렇게 대답했다.

---

37 가마쿠라鎌倉시대 초기에 성립된 설화집으로 편자는 미상이다. 귀족설화, 불교설화, 민간설화 등 불교적 색채가 강한 197화의 설화가 수록되어 있다. 본 이야기는『우지슈이 모노가타리』제2권 제12화에 수록되어 있다.

"이 산 위에 오래된 무덤이 있다네. 그 무덤에 만약 피가 묻는 일이 있다면, 이 마을은 순식간에 바다가 된다는 전설이 있다며 돌아가신 아버지가 말씀하셨다네. 그래서 나는 젊은 시절부터 아침 일찍일어나서 제일 먼저 무덤을 보러 가는데 그 이유는 집안 사람들을 비롯해서 자네들도 무사히 지내기를 기원하고 있기 때문이라네."

그 말을 듣자 젊은이들은 크게 웃으며

"어찌하여 그런 일이 있을 수 있겠습니까."

라며 비웃으며 돌아왔다. 그리고는 서로 몰래 속삭이더니

"저 무덤에 피를 묻히고 그 할머니를 속이면 이만큼 재미있는 일은 없을 것이다."

라며 죽은 강아지를 찾아내고는 배를 갈라 그 무덤에 피를 발라두었다.

할머니는 그런 줄도 모르고 다음날 아침이 되자 언덕에 올라가 무덤을 살펴 보았다. 그러자 이것이 어찌된 일인지 무덤에 피가 묻어 있는 것이 아닌가. 그리고는 깜짝 놀라 산 위에서 구르듯이 뛰어 내려

와 가쁜 숨을 몰아 쉬며 말했다.

"오늘 이 마을에 큰일이 일어날 것입니다. 빨리 가재도구를 정리하고 한시라도 빨리 산에 오르십시오. 그렇지 않으면 목숨이 위험합니다."

그리고는 다시 온 마을을 뛰어다니며 이 사실을 사람들에게 말했다. 이 할머니의 집에서는

'노인네가 무슨 소리를 하는가?'

라며 의아한 생각이 들었지만, 그렇다고 해서 무시해 버릴 수는 없었기 때문에, 서둘러 가재도구를 짊어지고 마치 급한 불이라도 난 것처럼 황급히 산 위로 몸을 피신했다. 마을 사람 중에서도 성품이 올바른 사람들은 이 말을 듣고

"평소에 정직하고 올곧은 분이시기 때문에 할머니의 말에는 무언가 이유가 있을 것이다."

라며 할머니의 말을 따르는 이도 있었지만 대부분은 늙은이의 헛소리라며 무시하고 움직이지 않았다. 특히 그 젊은이들은 할머니가 미친 듯이 소란을 피우는 것을 보더니

"거봐라."

라며 손가락질 하며 웃었다.

　이렇게 있다가 그날 오후 2시가 지났을 무렵, 갑자기 온 땅이 진동하더니 땅이 모두 바다로 가라앉아버리고 이 언덕만 겨우 남았다. 그래서 산 위로 올라간 사람들 외에는 모조리 죽어버렸다고 한다.

　그 무덤에 피를 묻힌 것은 젊은이들의 짓이지만, 마침 그때 이러한 일을 한 것은 이미 천재지변이 일어날 것이라는 전조였던 것이다. 하찮은 사람들이 한 말이라도 때로는 들어맞는 일도 있는 법이다. 비천하다고 하여 무시하는 것은 인간의 도리를 모르는 사람이라 할 수 있을 것이다.

굶주린 백성을 직접 구한 무사의 이야기

어떤 사람이 어느 무사의 이야기를 들려주었다. 그 무사는 원래 녹봉도 적고 가난했으나 항상 자비로운 마음씨를 가지고 있었다. 그런데 이날 밤 큰 지진이 일어났다. 그 집은 절반은 기울기는 했지만 전부 무너지지는 않았다. 그래서 일단은 안심하고 이웃은 물론 친한 사람들의 안부를 물은 후 자신의 집으로 돌아와 보니 벌써 새벽녘이 되어 있었다.

그때 무사가 아내에게 말했다.

"지난밤 여기저기를 다녀보았더니 집은 거의 무너지고 화재가 일어나 고생하고 있는 사람들이 얼마나 많은지 모를 정도라오. 그 중에는 정말로 불쌍한 사람도 있소. 지금부터 밥을 지어 주시오. 들고 나가서 사람들에게 베풀어 주어야겠소."

그래서 아내는 밥을 짓기는 했으나 솥이 작았다. 무사는 생각하던 대로 되지 않았지만, 그래도 이것이나마 주먹밥으로 만들었다. 그리고는 어떻게 가지고 나갈까 생각하며 집안을 둘러보았지만 이번에는 그릇이 없었다.

'그렇다. 쌀을 씻는 통이 좋겠다.'

무사는 이렇게 생각하고 통을 끈으로 묶고 그 끝을 목에 건 후 그 안에는 주먹밥을 넣고 밖으로 나왔다. 길거리에 쓰러져 어떻게 해야 할지 모르는 사람들에게 그 주먹밥을 주자 사람들은 눈물을 흘리고 손을 모으며 더할 나위 없이 기뻐했다. 그 무사도 함께 기쁨의 눈물을 흘리면서 사람들에게 계속 주먹밥을 나누어 주자 얼마 되지 않는 주먹밥은 완전히 없어졌다.

그래도 아직 길거리에서 신음하며 괴로워하는 이가 몇 명인지 알 수가 없었다. 어떻게든지 그들에게도 나누어 주려고 생각했지만 주먹밥이 더 이상 남아있지 않았기 때문에 힘이 부족한 것을 혼자 슬퍼하며 집으로 돌아가려 했다. 그 때 사방등四方燈[38]이 켜져 있는 덮밥가게에

---

38 네모진 나무나 대틀에 종이를 바르고 안에 기름접시를 놓아 불을 켠 것으로 삽화에도 그려져 있다.

무사가 굶주린 백성을 불쌍히 여겨 거리로 나가 주먹밥을 주다.

서 밥을 팔고 있는 것을 발견하고는 다행이라 생각하고 안으로 들어갔다.

"그 밥을 주먹밥으로 해서 있는 대로 전부 팔아 주시오."

무사가 말하자 주인으로 보이는 남자가 나오더니

"저는 장사를 하고 있지만 지금 이렇게 난리가 나서 친지들에게 주려고 밥을 한 것입니다. 팔 수 없습니다." 라며 거절했다. 그러자 무사는 매우 화를 내며,

"팔지 않을 것이라면 어째서 사방등을 켜 놓았소? 나를 가난한 무사라 얕보고 그런 말을 하는 것이오? 납득할 수 없소. 나는 무사로서 사겠다는 말을 일단 했으니 어찌 사지 않을 수가 있단 말이오?" 라며 노려보며 말했다. 그러자 주인은 그 모습에 두려워하며

"간판을 낸 것은 가족들이 착각한 것입니다. 오늘은 장사를 하지 않습니다. 부디 용서해 주십시오." 라며 용서를 구했으나 무사는 듣지 않았다.

"당신의 사정은 어찌 되었건 간에 나는 모르는 일이오. 아무튼 나는 간판을 보고 들어왔으니 어찌 빈손으로 돌아갈 수 있단 말이오. 잔말 하지 말고 얼른 파시오."

무사는 이런 이유를 대며 계속 재촉했다. 그러자 주인은 이마를 긁적이면서 대답했다.

"그렇다면 팔아 드리겠습니다. 그러나 이 밥을 그 통에 넣으면 전부 들어가 버립니다. 그래서 죄송스럽습니다만 절반만 파는 것으로 해 주십시오. 용서해 주십시오."

그래도 무사는 주인의 말을 듣지 않고 그 밥을 모두 팔라는 듯이 입구에 앉더니 움직이려는 기색도 없었다. 이것을 보더니 주인이 겨우 말했다.

"무사 나으리의 가족이 몇 명인지는 모르겠습니다만, 이 절반으로는 한 끼 정도는 충분할 것입니다. 저희들이 착각하고 사방등을 켜 놓았던 것에 대해 무리하게 이것저것 말씀하시면서 나무라시는 것은 칼 두 자루[39]를 차고 계신 무사의 신분으로는 어울리지 않는 일입니다. 부디 이 일은 용서해 주십시오."

그러자 무사는 고개를 끄덕이며 대답했다.

"나의 가족이 먹는 것이라면 절반만 팔겠다는 것을 어떻게 꾸짖을 수 있겠는가. 사실 나는 이러이러한 이유로

---

39 에도시대의 무사는 장도長刀와 단도短刀 두 자루를 차고 다녔으며, 삽화에도 무사는 칼 두 자루를 찬 것으로 그려져 있다.

주먹밥을 가지고 나왔으나 그릇이 작아 뜻대로 베풀어 주지 못했다. 안타깝게 생각하고 있던 바로 그 때에 사방 등이 켜져 있는 것을 보고 서둘러 들어와 보니 이 밥이 있었던 것이다. 이것을 지금 사서 굶주리고 있는 사람들에게 나누어 주려고 했던 것뿐이다."

그 말을 듣자 주인이 웃으며 대답했다.

"이 밥이라고 해 봤자 겨우 두 되를 조금 넘을 정도입니다. 굶주리고 있는 사람이 셀 수 없이 많은데 천 분의 일도 구할 수 없습니다. 처음에 사람들에게 베풀어 주었던 것으로 그 뜻은 이미 통하셨습니다."

그러자 이 말이 끝나기도 전에 무사가 대답했다.

"자네의 말이 맞다. 내 분수로 사람들을 얼마나 많이 구할 수 있겠는가. 자네가 말하지 않아도 나도 그것은 잘 알고 있다. 그러나 나는 주머니에 약간의 돈을 가지고 있으니 이것으로 가능한 만큼 구하려고 하는 것이 나의 소원이다. 자네도 부디 나에게 힘을 빌려 주면 약간의 음덕 陰德[40]이 될 수 있을 것이다. 자, 빨리 빨리."

---

40 다른 사람들이 모르는 사이에 쌓는 선행.

　그리고는 목에 건 통을 내밀었다. 그러자 주인은 곧바로 예를 차리고 공손히 절하고는 무사를 올려다보며 말했다.

　"정말 훌륭하신 마음입니다. 세상에 선인善人이 있다고 하더라도 나으리 같은 분은 거의 없을 것입니다. 그 뜻을 받아들었으니 어찌 거절할 수 있겠습니까. 제가 돈을 받지 않고 이 밥을 나으리에게 드리고 싶지만 그러면 나으리는 받지 않으실 것입니다. 그럼 쌀값과 함께 약간의 장작 대금을 더해 받고 나으리와 함께 힘을 합치겠습니다. 이것을 용서해 주십시오."

　무사는 이 말을 듣고 매우 기뻐하며 그 밥으로 주먹밥을 만들어 달라고 했다. 그리고는 그것을 받아 가지고 나가서 길거리에 있는 사람에게 베풀어주고 돌아갔다고 한다.

　　　　　※　　　　　　※　　　　　　※

　생각해 보면 이 무사는 이러한 흉변凶變을 당해 자신의 집이 무너진 것을 돌보지 않았다. 그렇다고 해서 원래부터 여유가 있었던 것도 아니었으나 자신이 가진 것을 내던져 굶주린 사람들을 구했던 것이다. 진정으로 선자善者라고 해도 좋을 것이다. 세상에서 금전을 많이 가지고 있는 부자라 하더라도 이와 같이 깊은 뜻이 있는 사람은 드물다. 어쩌다가 약간의 금전을 내 놓아 남에게 베푸는 일이 있는데, 대부분의 사람들은 그 성명을 밝히고 덕을 자랑하려는 마음이 있는 법이다.

몇 해 전에 흉작이 들어 기근이 발생했다. 굶주린 사람들이 거리에 넘쳐날 때 어느 부잣집에서 밤마다 죽을 쑤어 들통에 넣어 짊어 메고 다리나 거리로 나가 가난한 사람이나 거지에게 주었다. 그러나 이름은 알리지 않았으며, 그 전후로 50여 일 정도 하룻밤도 이것을 거르는 경우가 없었다고 한다. 이러한 것들은 진정한 음덕이다. 『오잡조五雜俎』[41]라는 책에는 다음과 같이 적혀있다.

---

41 중국 명나라 시대의 수필집. 사조제謝肇淛(생몰년 미상)가 지은 것으로 16권으로 구성되어 있으며, 자연현상과 인사人事의 삼라만상에 대해 천天・지地・인人・물物・사事의 5부로 나누고 이에 대해 고금의 문헌이나 저자의 풍부한 견문을 바탕으로 한 의견을 항목별로 언급한 것이다. 음양이나 풍수와 같은 미신사상을 부정하고 합리적인 경향을 가진 독특한 관찰안은 당시의 사회가 가진 모순을 날카롭게 꿰뚫어본 측면이 있으며, 명대의

  '재산을 바쳐 권력자나 귀인에게 아첨은 하지만, 적은 돈이라도 들여서 가난한 이를 구하는 일은 없다. 이것은 천하의 모든 사람들이 마찬가지이다.'[42]

  일본이건 중국이건 옛날이건 지금이건 보통 사람들의 생각은 조금도 다르지 않다. 이와 반대로 욕심이 적고, 남을 위해 일을 하는 사람은 천 명에 단 한 명이나 두 명 밖에 없다

안세이 견문록 상권 끝

  정치·사회·문화를 이해하는데 귀중한 자료가 되고 있다.

42 『오잡조』 제13권 「사부事部」에 실려 있는 구절로서 원문은 '오히려 전 재산을 바쳐 권력자나 귀인에게 아첨을 하더라도, 적은 돈이라도 들여서 가난한 이를 구하는 일은 없다. 이것은 천하의 모든 사람들이 마찬가지이다(寧竭貨財以媚權貴、不肯舍些微以濟貧乏。此天下之惑通也)'이다.

『안세이 견문록』

중권

부모를 버리고 먼저 도망쳐 재난을 당한 이야기

여러 지방에서 일어난 지진의 소식을 듣다 보면 땅이 갈라지거나 산이 무너지거나 혹은 강줄기가 바뀌었다는 이야기가 있다. 또 육지가 바다 속으로 가라앉거나 높은 곳이 낮아지기도 하며 평지에서 물이 솟아나기도 하는데 이것은 자주 있는 일이다.

한편, 에도에서는 옛날부터 이러한 이변이 없었으며 앞 권에도 언급한 것처럼 지진이 매우 드물었다. 옛날 겐로쿠元禄 16년(1703)에 대지진이 있었다는 이야기를 들었는데 이것이 서적에 기록된 것으로는 아라이 하쿠세키新井白石[43] 선생이 『잡목을 태우며折りたく柴の記』[44]라는

---

43 1657~1725. 에도시대 중기의 유학자, 정치가. 기노시타 준안木下順庵의 제자로서 제6대 장군 도쿠가와 이에노부德川家宣를 모시며 막부의 정치에 참여했다. 조선통신사의 대우 간소화와 화폐개주貨幣改鑄 등의 사업에 공을 세웠다.

책에 조금 쓰여 있을 뿐이며 마을의 모습이나 어디에서 어디에 걸쳐 많이 무너졌다는 내용은 적혀있지 않다.[45] 겨우 선생 일가의 주거에 대한 이야기, 야요스가시八代洲 河岸[46]에 가려고 길을 나섰는데 지나가는 길마다 무사나 상인의 집들이 모조리 무너져 내린 것, 시가지에는 사람의 그림자도 보이지 않고 여기저기에서 모기가 우는 듯한 목소리가 들렸는데, 분명 사람이 신음하고 있을 것이라는 것, 이렇게 하여 간다바시神田橋[47] 다리 앞에 도착하

---

44 아라이 하쿠세키의 수필로서 1716년경 성립된 것으로 추정된다. 생가인 아라이 가문에 대한 일, 하쿠세키의 정치적 체험담 등을 써내려간 자전적 성격의 수필이다.

45 『잡목을 태우며』를 보면 에도나 관동 지방에서 무너진 집은 8,007호, 죽은 이는 2,291명에 이르며 쓰나미는 시모다下田에서 이누보사키犬吠埼에 이르는 해안으로 밀려들어왔다고 하여 겐로쿠元禄 지진에 대해서는 구체적으로 기술되어 있다. 이 부분은 저자 핫토리 야스노리의 착각이거나『안세이 견문록』을 선전하기 위해 의도적으로 기술한 것으로 생각된다.

46 현재의 도쿄토東京都 지요다쿠千代田区 마루노우치丸の内 2번지에 해당한다. 1600년에 일본을 방문한 네덜란드선 리프데 Liefde호의 승무원 양 요스텐Jan Joosten van Lodenstijn에게 도쿠가와 이에야스德川家康는 포술포술砲術과 외교고문外交顧問을 담당시킬 목적으로 중용하고 그 해안선에 택지를 부여했는데 이것이 지명의 기원이다. 야요스가시八代洲河岸뿐만 아니라 야요스八代洲, 요요스楊容子 등 여러 이름으로도 불렸다.

47 현재의 도쿄토 지요다쿠 간다神田와 오테마치大手町를 연결하

자 제자를 만나 말을 빌렸다는 것, 그리고 나서 야요스가 시의 집에 들렀다는 것 등등이 적혀 있을 뿐이다. 그때 사방에서 화재 등이 일어났다는 것도 쓰여 있지 않다. 대체적으로 큰 지진이 일어나 집이 무너지면 반드시 큰 화재가 발생하는 것은 도시이건 시골이건 마찬가지이다. 따라서 이때도 여기저기에서 불이 났을 것이다. 하쿠세키 선생은 그 당시에는 유시마湯島 신사[48] 아래에서 살고 있었다고 한다.

한편, 대지가 진동하기 시작했을 때 이것을 건물이 흔들리는 것으로 비유하자면 마치 저아선猪牙船[49]을 탄 것과도 같다. 이때는 곧바로 집을 나가지 말고 실벽[50]이 무너지고 난 후 모두 마당으로 나와야 한다. 만약 실벽이 무너지기 전에 허둥거리며 달려 나오면 기왓장이나 그

는 다리.

48 현재의 도쿄토 분쿄쿠文京区에 있는 신사. 학문의 신으로 숭상 받고 있는 스가와라노 미치자네菅原道真를 모시고 있으며 에도 시대에는 많은 학자와 문인이 참배했다.

49 에도시대에 만들어 쓰던 배로서 길쭉하고 끝이 뾰족하며, 지붕이 없고 매우 빠르다.

50 천장과 상인방上引枋 사이에 있는 폭이 좁은 작은 벽.

이외의 물건들이 떨어져 오히려 다칠 수 있기 때문이다. 그러고 보니 이번 지진에서도 그러한 일이 많았다.

이 마을에 사는 아무개 부부는 딸 하나에 하인 한 명을 데리고 있었다. 부부와 딸 세 명 모두 자고 있는데 지진이 일어나자 놀라서 허둥지둥 일어나 덧문을 열고 나가려고 했지만 빗장이 꽉 잠겨 있어 재빨리 열지 못했다. 그 때 하인도 깜짝 놀라 잠에서 깨어나 자신의 방 출입문을 밀쳐 열고는 뛰어 나갔다. 딸은 재빨리 하인이 하는 것을 알아차리고 혼자서 출입문을 통해 밖으로 뛰어 나갔다. 그리고는 옆집으로 가려고 창고 사이를 지나려 할 때 창고가 순식간에 무너지고 처마[51]의 흙이 잘게 부서져 떨어지면서 딸의 머리 위에 쏟아졌다. 딸이 이 무게 때문에 그 자리에 엎드려 쓰러지자 엄청난 양의 흙과 기와가 그 위에 떨어져 목소리를 내지도 못하고 그 자리에서 죽고 말았다. 그 흙을 치워 보자 딸은 두 눈이 튀어 나오고 얼굴에는 구멍마다 피가 흘러 완전히 짓눌려 있었다. 그것을 보자 부모는 깜짝 놀라 어찌할 바를 몰라하며 마치 미친

---

51 원문은 '하치마키鉢巻'이다. 흙광의 처마밑에서 가로로 한층 두껍고 가느다랗게 흙을 바른 곳을 말하며 방화용으로 쓰였다.

부모를 버리고 먼저 피하다가 오히려 화를 입어 천수를 다하지 못하고 죽다.

사람처럼 한탄했지만 어떻게 할 방법이 없었다.

이 경우에는 부모가 열려고 했던 빗장이 잘 열리지 않아 문을 여는 데 시간이 걸렸으며 그러는 동안에 흔들리는 것이 멈췄기 때문에 부모는 무사했던 것이다. 딸은 분명히 아직 집이 무너지지 않았는데도 재빨리 하인이 나온 것을 보고 길을 발견하고는 옆집으로 달아나려고 하다가 오히려 목숨을 잃은 것이었다. 이것은 서둘러 밖으로 나갔기 때문에 화를 불러일으킨 것이며 하인은 그보다 더 빨랐기 때문에 창고가 무너지기 전에 지나가 아무 일도 없었던 것이었다.

이러한 예는 많이 있으며 저마다 어쩔 수 없이 당한 것이라 이야기하지만 생각해 보면 그렇지 않다. 사람의 자식으로서 부모가 당황해 하는 것을 저버리고 문이 열린 것을 보고 자기만 달려 나와 난을 피하려고 한 것은 무엇보다도 효심이 부족했던 것은 아닌가. 이 책 상권에서 언급한 센주千住의 딸과는 정반대이다. 이번 이야기의 딸의 경우 부모의 곁에 있었다면 함께 무사했을 텐데 섣불리 도망가려 하다가 죽어버린 것이다. 사람의 자식이라면 이것을 거울로 삼아야 할 것이다.

　※　　　　　※　　　　　　※

　이에 덧붙여 신기한 이야기가 있다. 에도 근교에 있는
가미히라이上平井[52]라는 곳에는 쇼텐구聖天宮[53]가 자리잡
고 있다. 에도시대 사람들은 노인이건 젊은이이건 봄가
을에는 이곳으로 발걸음을 옮기는 일이 많아 사람들에
게 유명한 곳이다.

　이 근처는 이번 지진으로 땅이 갈라졌는데 그 길이는
약 220m, 폭은 약 4m 정도이고 깊이는 어느 정도인지
알 수 없을 정도였다. 마침 그 위에 있던 민가가 절반정
도 묻혀버려 갈라진 곳으로 빠져버린 옷가지나 세간을
꺼내올 수가 없었다. 또한 신요시와라新吉原[54]의 니혼즈

52　현재의 도쿄토 가쓰시카쿠葛飾区 니시신코이와西新小岩 115번
　　지부터 히가시신코이와東新小岩 318번지에 해당한다.

53　정식 명칭은 도묘지燈明寺 절이라 하며 남녀의 연분을 맺어주거
　　나 액막이, 개운開運의 부처로서 예부터 신앙의 대상이 되어 왔
　　다. 현대에도 마쓰치야마쇼텐待乳山聖天, 구마가야熊谷의 메누
　　마쇼텐妻沼聖天과 함께 관동 지방의 3대 쇼텐聖天의 하나로 유명
　　하다.

54　에도시대 아사쿠사浅草의 북부(현재의 도쿄토 다이토쿠台東区
　　센조쿠千束 4번지에 해당)에 있었던 유곽. 메이레키明暦 3년
　　(1657)에 일어난 메이레키의 대화재 후 니혼바시日本橋 후키야

『에도명소도회江戸名所図会』제7권에 그려진 히라이 쇼텐구와 됴묘지 절의 모습이다. 나카가와中川 강 건너 언덕에 도묘지 절이 그려져 있다. 오른쪽 그림 중앙에서 약간 아랫부분에 도리이鳥居가 있으며 구불구불한 길을 따라 올라가 보면 왼쪽 그림 오른쪽 최상단의 건물이 도묘지 절이고 바로 왼쪽이 부동당不動堂, 그 바로 밑에 있는 건물이 히라이 쇼텐구이다.

쓰미日本堤[55], 스미다가와隅田川 강의 제방도 갈라졌지만 그리 심하지는 않았다. 그 외에도 인공적으로 매립한 토

초초쿠屋町에 있었던 요시와라吉原 유곽이 이전되어 생긴 것이다.

[55] 쇼텐초聖天町(다이토쿠 아사쿠사 7번지)에서 미노와(다이토쿠 미노와三ノ輪)에 이어지는 제방. 스미다가와隅田川 강에서 북서쪽으로 향하는 수로를 따라 지어졌다.

지, 축조한 제방 등은 시간이 지나면 땅이 굳는다고는 하
지만 결국 무너지지 않은 곳은 거의 없었다. 이 가미히라
이도 옛날에 강 등을 매립한 곳일지도 모른다. 다만 이
일에 대해 나중에 사람들에게 물어보았으나 모르는 사
람이 많았기 때문에 매립한 곳이 그렇게 넓지 않았을지
도 모른다. 그곳까지 거리는 그렇게 멀지는 않지만 직접
가서 확인해 본 것은 아니기 때문에 사실인지의 여부는
모른다.

　다만 이 일로부터 옛날의 일을 생각하면『일본서기日
本書紀』덴무天武천황[56] 7년(679)에 쓰쿠시筑紫 지방[57]에서
땅이 갈라졌다는 기록이 있다. 그 폭은 약 6m, 길이 약
9km이며 많은 민가가 무너졌다고 한다. 이 때 한 백성의
집이 언덕 위에 있었는데 그 언덕이 무너져 장소가 이동
해 버렸다. 그렇지만 집은 아무런 이상이 없었으며 집 안
에 있던 사람들은 이 일을 모르고 있었다. 날이 밝고 나
서 이것을 보더니 대단히 놀랐다고 한다.[58] 또한 덴무천

56　제40대 천황(?~686). 재위: 673~686.

57　옛날의 규슈九州 지방의 명칭.

58　『일본서기』덴무천황 7년 12월조에 다음과 같은 기록이 있다.

황 13년(685) 겨울에 지진이 있었는데 산이 무너지고 여러 지방에 있던 절의 탑과 가옥이 부서져 사람과 가축이 많이 죽었다. 이요伊予의 온천[59]은 무너져 온천물이 나오지 않게 되었으며, 도사土佐 지방[60]의 논밭 12㎢가 모두 가라앉아 바다가 되었다. 또 이날 저녁 동쪽에서 북을 치는 것과 같은 소리가 들리더니 이즈伊豆의 섬[61] 서쪽과 북쪽 두 면이 약 900m에 걸쳐 저절로 폭이 넓어지면서 하나의 섬이 되었다. 북 같은 소리는 신이 이 섬을 만들 때 들리는 울림소리라는 이야기가 적혀 있다[62]. 이것은

'이 달에 쓰쿠시 지방에서 큰 지진이 일어났다. 땅이 넓이 6m, 길이 9km에 걸쳐 갈라졌으며 마을마다 많은 집들이 무너졌다. 이 때 언덕 위에 있었던 민가 한 채가 때마침 지진이 일어났던 날 저녁에 언덕이 무너져 다른 곳으로 이동해 버렸다. 그러나 집은 완전히 무사했으며 무너지지도 않았다. 그 집에 있던 사람들은 언덕이 무너지고 집이 이동해 버렸다는 것을 알지 못했다. 그러나 날이 밝고 나서야 이를 알고 매우 놀랐다.'

59 현재의 에히메현愛媛県 마쓰야마시松山市에 있는 온천이다. 『만엽집万葉集』에 조메이舒明천황이 황후와 함께 간 곳으로 유명하다.

60 현재의 고치현高知県에 해당한다.

61 이즈노 오시마伊豆の大島를 지칭하는 것으로 생각된다.

62 『일본서기』 덴무천황 13년 10월 14일조에 다음과 같은 기록이 있다. '14일 저녁 열 시쯤이 되었을 때 큰 지진이 일어났다. 온 나라의 남녀가 소리지르며 허둥대고 산은 무너지고 강이 넘쳐

극히 오래된 시대의 일이기 때문에 단지 그 책을 보고서만 알 뿐이다.

간세이寬政 연간(1789~1801)에 요시오카 겐슈吉岡元稱[63]라는 사람이 지은 『나라의 안내서国の栞』라는 책의 「사쓰마 지방[64]에서 섬이 생긴 일薩摩国出来島」에는 다음과 같은 이야기가 실려 있다.

몇 년 전(작자 주 : 아마도 안에이安永 연간(1772~ 1781)일 것이다) 이 지방에 사쿠라지마桜島 섬[65]이 크게 폭발한 후 주변의 바닷속이 이따금 달아올라 바닷물이 끓어

흘렀다. 여러 지방 마을의 관사, 민가의 창고, 가옥, 사원, 탑, 신사 등 무너진 것은 헤아릴 수 없었다. 이 때문에 민가나 가축들이 많이 죽었다. 이 때 이요의 온천이 무너져 온천물이 나오지 않게 되었으며, 도사 지방의 논밭 50여만 경頃이 가라앉아 바다가 되었다. 노인들은 "이러한 지진은 지금까지 없었다"고 말했다. 이날 저녁에 동쪽에서 북을 치는 듯한 소리가 들렸다. 어떤 이가 "이즈 섬의 서쪽과 북쪽의 두 면이 저절로 900m나 넓어져 따로 섬 하나가 되었다. 북을 치는 듯한 소리는 신이 이 섬을 만들 때의 울림소리였다"고 말했다.

63 미상

64 규슈의 남부 지방인 가고시마현鹿児島県 서쪽편에 해당한다.

65 가고시마현 중부 가고시마만鹿児島湾에 있는 화산섬이다. 원래는 화산섬이었는데 유사이래로 자주 분화하다가 1914년의 분화로 오스미大隅 반도와 연결되었다.

올랐다. 바닷물 표면에 불이 타오르고 거대한 바닷물이
모두 열탕이 되었다. 그 때문에 바닷속의 물고기가 크고
작은 것 할 것 없이 모두 죽어버렸다. 그 바닷물이 끓어
오르는 기세 때문에 약 180m가 넘는 깊이의 해저에서
토사가 끓어올라 다시금 일곱 개의 섬이 생겼다. 큰 섬은
주위 7km이며 그 외에는 작은 것으로서 6km에서 4km
정도이다. 그 후 바닷속이 끓어오르는 것이 잠잠해지고
그 섬들은 굳어 땅이 되었다. 처음에는 섬에 풀이나 나무
도 없고 전체가 흰 모래밖에 없었으나 어디서인지 새가
날아와 살았다. 이러다가 풀과 나무가 점차로 우거지더
니 샘물이 솟아나오게 되었다. 이로부터 오스미大隅 지
방[66]으로부터 새롭게 생긴 섬으로 신사를 옮겨 짓고 보
초도 세워 두었다. 그러자 참배하는 사람도 생기고 결국
사람도 살게 되었을 것이다. 이 사쿠라지마 섬도 요로養
老[67] 2년(718)에 바다가 불타고, 천지가 캄캄해지고, 하
룻밤 사이에 사방 28km나 되는 높은 산이 솟아났기 때
문에 이를 사쿠라지마 섬이라 불리게 되었다. 이 섬은 지

---

66 현재의 가고시마현 동부에 해당한다.
67 제44대 겐쇼元正천황(680~748) 시절의 연호. 재위: 717~724.

금은 주민도 많고 논밭도 비옥하다. 이 섬 외에 두 개의 작은 섬이 있는데 이것은 분지文治 연간[68] 무렵에 생겼다고 전해진다.[69]

이러한 것들을 사람들에게 말해도 절반 정도는 믿지 않는다. 그러나 세상은 넓고 이런 일이 없다고는 단정지을 수 없다. 네덜란드에서 일본으로 오는 바닷길에 커다란 나라가 있었으나 몇 해 전에 바다 밑으로 가라앉아 지금은 그 나라에 있던 높은 산 정상 두세 개만이 띄엄띄엄 바다 위로 나와 있을 뿐이라고 한다. 새롭게 생기는 섬이 있으면 가라앉는 나라도 있을 것이다. 이것은 하늘과 땅의 섭리이기 때문에 없다고는 단정지을 수는 없다. 이상은 지진과는 관계가 없지만 이 글을 쓴 김에 첨가해 두었다.

---

68 제82대 고토바後鳥羽천황(1180~1239, 재위:1183~1198) 시절의 연호로서 1185년부터 1190년까지 사용되었다.
69 사쿠라지마 섬 주변은 지각변동이 심하여 지금도 안정되어 있지 않다.

지진으로 한쪽 다리의 살이
떨어져 나간 이야기

옛 말에 의하면,

'삼군三軍[70]의 총수가 될 만한 사람은 태산이 눈앞에서 무너져도 눈 하나 깜짝 하지 않는다. 고라니와 사슴이 눈 앞에 다가와도 전혀 두려워하는 기색도 없다.'[71]
라는 말이 있는 것처럼 군대를 지휘해야 한다.

이것은 다름 아니라 마음이 흔들리면 마음 속이 혼미해져 계략이 들어맞지 않게 되는 것을 훈계하는 것이다.

---

70 군대에서 좌익左翼·중군中軍·우익右翼을 총칭하며 전 군대를 뜻한다.

71 송나라의 문인인 소순蘇洵(1009~1066, 소식蘇軾의 아버지)이 쓴 「심술心術」에 다음과 같은 구절이 있다. '장군이 되는 방법은 먼저 마음을 다스려야 한다. 태산이 눈앞에서 무너져도 안색이 변하지 않고 고라니와 사슴이 옆에서 날뛰어도 눈 하나 깜짝 하지 않는다. 그런 후에야 이해관계를 파악할 수 있어 적을 기다릴 수 있다(爲將之道、當先治心、泰山崩於前而色不變、麋鹿興於左而目不瞬、然後可以制利害、可以待敵)'.

보통 사람들에게는 불가능하지만, 평상시에 이러한 것을 염두에 두어 마음을 빼앗기지 않으며 위급한 일이 닥치면 제대로 대처할 수 있는 사람을 훌륭한 인물이라 하는 것이다. 그러한 마음가짐이 없으면 영혼이 몸을 떠나 제 정신을 잃어버리며 후회하는 일이 적지 않은 법이다.

예를 들면 갑자기 불이 났을 때 중요한 것을 버리고 헌 나막신이나 빗자루 같은 것을 가지고 불을 피하는 일이 있다. 이것은 소란스러운 일에 당황해서 무엇이 중요한지 잊어버렸기 때문이다. 아무리 가난하다고 하더라도 헌 나막신보다 값어치가 있는 가재도구가 없을 것인가. 그것을 잊어버리고 눈에 스치는 허름한 것을 우선시하는 것은 마음을 빼앗겨 버렸기 때문이다. 그렇기 때문에 『대학大學』[72]에서도 이를 훈계하여

'마음이 여기에 없으면 보아도 보이지 않고 들어도 들리지 않으며 먹어도 그 맛을 알 수 없다.'[73]

---

72 『중용中庸』『논어論語』『맹자孟子』와 함께 사서史書 중 하나이며 오경五經과 함께 유교 경전의 기본이 되는 서적이다. 몸을 수양하는 것이 천하를 통치하는 것에 이른다는 치세治世의 근본이념을 가르치고 있다.

73 『대학』「전칠장傳七章」에 있는 구절로서 '마음이 있지 않으면 보

고 되어 있다. 또한

'두려워하면 정확한 판단을 할 수 없다.'[74]

고 쓰여 있다.

이에 위에서 언급한 것과 관련된 이야기를 소개하기로 한다. 후카가와深川 오기바시扇橋[75] 주변에서 장사를 하면서 그럭저럭 살고 있는 이가 있었다. 그는 매우 허름한 집에 세들어 살고 있었는데 이번에 지진이 일어나자 놀라서 밖으로 뛰쳐나오려 했다. 그 때 귀틀[76] 위에 있던 횡목橫木이 떨어지더니 허벅지가 그 안에 끼어 빠져나올 수 없게 되어 괴로워하고 있었다. 마침 옆집과 이웃집 사람들이 모두 밖으로 뛰어 나와 서로 안부를 물으며 술렁거리고 있을 때 이 남자가 목소리를 높여 외쳤다.

"살려주시오!"

아도 보이지 않고 들어도 들리지 않고 먹어도 그 맛을 모른다
(心不在焉、視而不見、聽而不聞、食而不知其味)'에 의한다.

74 『대학』「전칠장」에 있는 구절로서 '두려워하는 마음이 있으면 올바른 것을 얻을 수 없다(有所恐懼、則不得其正)'에 의한다.

75 현재의 도쿄토東京都 고토쿠江東区 시라카와白河 4번지, 미요시三好 4번지, 히라노平野 4번지, 오기바시 1번지에 해당한다.

76 마루를 놓기 위하여 먼저 굵은 나무로 가로세로 짜 놓은 틀을 말한다.

사람들이 이 목소리를 듣고는 모두 달려와 이 남자를 보자 허리 위는 밖으로 나와 있었는데 한쪽 다리가 허벅지에서부터 끼어 있었다.

"이 정도라면 간단히 구할 수 있다."

모두 이렇게 이야기하고 순식간에 일곱 여덟 명이 모여 남자를 앞뒤로 꼭 껴안았다. 남자도 빨리 벗어나고 싶은 생각에 손을 뻗쳐 사람들에게 매달렸고, 사람들이 온 힘을 다해 서둘러 남자를 빼냈다. 그렇게 몸은 간단하게 빠져 나왔지만 귀틀과 횡목에 끼어 있던 나무의 모퉁이가 허벅지에 박혀 있는 채로 있는 힘껏 끌어당겼기 때문에 허벅지에서 발등까지 살점이 잘려나가 버렸다. 떨어진 살점은 나무 저쪽 편에 남아 있었고 남자에게는 흰 뼈만 남아 피가 폭포처럼 흘러내렸다. 남자가 신음하며 고통스러워하는 것은 차마 눈뜨고 볼 수 없을 정도였다. 남자에게는 처자식도 있었는데

"살아났습니까?"

라며 기뻐하며 달려나와 보자 남자가 이러한 모습이 되어 있었기 때문에 더욱더 놀라 어찌 해야 할지 몰랐다. 남자를 구해 준 사람들도 어안이 벙벙해진 모습을 하고

있을 뿐이었다.

더 이상 손을 쓸 수 없었기 때문에 일단은 다다미를 깔고 남자를 부축해 눕힌 후

"의사는 없소? 약은 없소?"

라며 소리를 질렀다. 그러나 어디든지 한창 소란스러운 때라 약도 팔지 않았고 의사가 올 수도 없었다. 설령 의사가 오더라도 이것을 어찌 치료할 수 있는 방법이 있을 것인가?

이렇게 되어 남자는 다쳤을 때뿐만 아니라 시간이 지나면서 점차로 고통이 심해져 마치 미친 사람처럼 소리 지르고 울며 슬퍼했다. 그 모습을 무언가 빗대어 말하자면, 석가의 가르침에서 말하는 「지옥변상도地獄變相圖」[77]에 그려진 좌용소마剉舂燒磨[78]의 고통을 방불케 했다. 피로 물든 두 손을 들고 계속 머리와 얼굴을 쥐어 뜯었기 때문에 핏빛으로 물들지 않은 곳이 없었다. 눈과 코, 입

---

77 죄를 지은 이가 죽은 후 지옥에 떨어져 고통을 받고 있는 장면을 묘사한 불화. 근본 불경은 『지장경地藏經』또는 『시왕경十王經』 등이 중심이 된다.

78 저승의 지옥에서 죄인을 베고 찧고 불태우며 갈아버리는 형벌.

의 구별조차 되지 않을 정도였으며 요괴인지 사람인지 분간하기 어려울 정도였다. 이를 얼핏 본 여인네와 아이들은 놀라 부들부들 떨지 않을 수 없었다. 이러다가 다음 날이 되자 그 남자는 미쳐 죽고 말았다.

이것도 처음에 말한 것처럼 평상시에 마음의 준비를 하지 않았기 때문에 이러한 화를 불러 일으킨 것이다. 다친 본인에 대해서는 시비를 논하지 않겠다. 그를 구하려고 모인 일곱 여덟 명 중에서는 앞서 말한 것을 알지 못하는 어리석은 사람만 있었던 것은 아니었을 것이다. 자신들도 대지진이 일어나자 무서워 떨다가 아직 마음의 평정심을 되찾지 못했던 것이다. 매우 당황하여 허둥지둥하던 중에 앞뒤를 돌아볼 생각조차 하지 못하고 어쨌든 빨리 끌어내면 살아날 것이라고만 생각했던 것이다. 그 중에 단 한 사람이라도 사태를 잘 파악한 사람이 있어 서둘러 빼내다가는 잘못될 수도 있다는 것을 알아차리고, 떨어진 횡목을 들어 올렸더라면, 사람들이 힘을 합쳤기 때문에 매우 간단히 횡목을 들어 올려 구했을 것이다. 그런데 이를 깨닫지 못하고 한 사람을 고생시키다 죽게 해 버린 것은 한숨이 저절로 나오는 일이다.

　　　　　※　　　　　　　　※　　　　　　　　※

　생각해 보면 이뿐만이 아니다. 마음이 당황해서 흐트러져 있으면 생각이 둔해져 제대로 판단하기 어렵다. 따라서 물이 끓는 것을 멈추게 하기 위해 뜨거운 물을 더하기도 하고, 불을 피하기 위해 장작을 껴안아 불타기 쉽도록 하는 어리석은 짓을 저지르는 경우가 매우 많다. 그래서 어릴 때부터 학문에 정진하여, 어떤 위급한 상황에 처하더라도 중국과 일본에서의 선인先人들의 사례나 자타의 득실得失 등이 마음에 떠오르는 사람은 지혜로운 사람이라 하며, 뛰어난 사람英士이라 부를 만 하다. 그래서 나는 항상 다음과 같은 이야기를 하고 있다.

　이것은 『전태평기前太平記』[79]에 실려 있는 이야기로서 고로모가와衣川 강[80] 근처에서 아베노 사다토安倍貞任[81]가

79　후지모토 겐藤元 저. 1681년 경 성립. 헤이안平安시대 중기에서 후기에 걸쳐 사변과 전란을 중심으로 하여 세이와 겐지清和源氏 7대의 인물들의 관계가 기술되어 있다. 중세시대의 군기軍記・사서史書・설화집을 이용하여 윤색을 가미하여 흥미를 가지도록 한 통속적인 역사서로서 본 이야기에서 소개하고 있는 일화는 『전태평기』 권31의 제1화 「고로모가와 강에서 공격한 이야기衣川攻事」에 실려 있다.

싸움에서 패해 말 한 기만을 타고 도망가고 있을 때 미나모토노 요시이에源義家[82]가 화살을 시위에 당기며 읊조렸다.

"고로모가와 성이 무너졌도다."[83]

그러자 사다토가 뒤를 돌아보며,

"오랜 시간에 걸친 전투 때문에 괴로웠다네."[84]

---

80 현재의 이와테현岩手県 오슈시奥州市 남서부를 흐르는 강.

81 ?~1062. 무쓰陸奥 지방의 호족인 아베노 요리토키安倍頼時의 아들. 1051년부터 1062년에 걸쳐 요리토키와 사다토, 무네토宗任가 반란을 일으켰다. 이를 전구년前九年의 전투라 하며 조정에서는 미나모토노 요리요시源賴義와 요시이에義家 부자를 파견했고, 아베노 사다토는 이에 대항하다 전사했다. 전구년의 전투는 후삼년後三年의 전투와 함께 미나모토씨源氏가 동쪽 지방으로 세력을 확장하는 계기가 되었다.

82 1039~1106. 헤이안시대 후기의 장수. 요리요시賴義의 장남. 전구년의 전투에서 아버지를 도와 아베씨를 무찌르고 후삼년의 전투에서도 공을 세웠다.

83 원문은 '衣のたては ほころびにけり'이다. 여기에서 '고로모衣'는 '고로모가와'라는 지명을 뜻하기도 하지만 '의복'을 뜻하기도 한다. '다테たて'는 '저택' 또는 '성'을 뜻하면서 옷의 '날실'을 뜻하기도 한다. '호코로부ほころぶ'는 '성이 무너지다'와 '옷의 실이 풀어지다'의 두 가지 뜻을 지니고 있다. 따라서 이 시는 '고로모가와 성이 무너졌다'와 '옷의 실이 풀어졌다'의 두 가지 뜻을 지니고 있다.

84 원문은 '年を経し 糸の乱れの 苦しさに'이다. '실이 헝클어졌다糸の乱れ'는 앞 시에서 '고로모(의복)'와 연관되는 연어緣語이

라 읊조렸다. 요시이에는 이 시에 감탄하여 그 뛰어난 마음가짐을 칭찬하고는 겨누고 있던 활을 놓아 쫓아가는 것을 그만 두었다고 한다. 요시이에는 전투에서 승리했으며 마음도 용맹했다. 게다가 우아하고 아름다운 마음씨를 가진 대장이었기 때문에 이 정도의 여유는 있을 법한 것이었다. 그러나 사다토는 이미 요새가 무너지고 요시이에가 활을 쏜다면 자신의 목숨도 그 자리에서 끊어질 것이기 때문에 마음 속으로는 공포심을 가지고 있었을 것이다. 그러한 때에 이르러서도 마음이 흐트러지지 않고 그 상황에 알맞은 절묘한 시를 짓는다는 것은 실로 영웅의 위치에 오르지 않고서는 결코 할 수 없는 일이다.

옛날에 간분寬文 원년(1661) 정월 16일(양력 2월 15일)에 교토에서 일어난 큰 화재로 인해 천황이 사는 궁궐과 귀족의 집들이 많이 타버렸다. 그 때 시미즈다니 다이나곤清水谷大納言[85], 가자하야風早 참의参議[86] 등은 모두 불을

다. '오랜 시간이 지나면 실이 헤지는 것처럼 장기간에 걸친 전투에 성을 지키지 못했다'는 두 가지 의미를 지니고 있다.

85 시미즈다니 가문은 가마쿠라鎌倉시대부터 번성한 유명 귀족이다. 다이나곤大納言은 태정관太政官의 차관에 해당하며 천황을 모시면서 말을 전달하거나 분부를 내리는 역할을 했다.

피해 괴로워하며 허둥대고 있었다. 그 때 두 사람이 길에
서 마주쳤다. 시미즈다니가 이를 보더니

　"바람이 빨라[87] 듣는 것도 무섭네 오늘의 화재"

라며 무심코 말을 건네자 가자하야 참의는 곧바로

　"시미즈다니[88]라도 잿더미가 되겠네"

라 대답하고 헤어졌다고 한다. 귀족이란 항상 와카和歌의
도를 배우면서, 앉아 있거나 누워 있을 때에도 잊어버리
지 않고 마음속에 두고 있기 때문에 이와 같이 한창 소
란스러운 중에도 간단하게 시를 읊었던 것이다. 항상 마
음속으로 염두에 두지 않았다면 어찌하여 이러한 때에
와카를 읊을 수 있을 것인가. 그렇기 때문에 무슨 일이
건 간에 항상 마음가짐이 가장 중요한 것이다.

---

86 고대로부터 이요伊予 지방 가자하야군風早郡(현재의 에히메현
　愛媛県 중부)을 거점으로 하는 호족이다. '참의参議'는 태정관太
　政官에 놓여진 벼슬로서 다이나곤과 주나곤中納言 다음에 위치
　하는 요직이다.

87 원문은 '가제하야風早'로서 '가자하야風早 가문'을 뜻하기도 하
　며, 한자의 뜻 그대로 '바람이 빠르다'의 뜻도 나타낸다.

88 원문은 '시미즈다니清水谷'로서 '시미즈다니 가문'과 한자의
　뜻 그대로 '물이 흐르는 계곡'의 두 가지 뜻을 지닌다.

유언비어를 믿으면 화를
초래한다는 이야기

　나의 지인이 아사쿠사浅草 쇼텐초聖天町[89] 마을에서 나
막신과 우산 등의 장사를 하면서 아내와 하인 한 명을 데
리고 살고 있었다. 그런데 이날 밤 지진이 일어난데다가
근처의 사루와카초猿若町[90] 마을에서는 화재가 일어났다.
불길은 점점 번져 시바이마치芝居町[91] 마을까지는 겨우
대여섯 채 정도밖에 남지 않았다. 모리타 간야森田勘弥[92]

89　현재의 도쿄토東京都 다이토쿠台東区 아사쿠사浅草 6번지~7번지
　　에 해당한다.

90　현재의 도쿄토 다이토쿠 아사쿠사 6번지에 해당한다.

91　배우를 비롯하여 연극과 관련된 이들이 살고 있는 곳.

92　에도시대의 가부키歌舞伎 극장 중에서 막부로부터 흥행의 특권
　　을 인정받았던 삼대 좌座를 에도 삼좌江戸三座라 하며 나카무라
　　좌中村座, 이치무라좌市村座, 모리타좌森田座가 이에 해당한다.
　　본문에서의 모리타 간야는 모리타좌의 좌장 또는 가부키의 배
　　우를 말한다. 초대 모리타 간야(?~1679)는 고우타小唄에 능했
　　다. 반도 미쓰고로坂東三津五郎(1800~63)는 1850년에 제11대

는 다행히도 불을 면했으나 나머지는 불에 타버렸기 때문에 불길이 사방팔방으로 튀어 쇼텐초 마을 근처에 사는 사람들은 얼굴까지 불이 붙은 듯 했다. 나막신 같은 것을 팔고 있던 이 남자도 집을 뛰쳐나와 부부가 서로 손을 잡고 강가에 도착해 보니 주변에 있는 사람들은 모두 배를 타고 무코지마向島 섬[93]으로 불을 피하고 있었다. 이 부부도 함께 배를 빌려 무코지마 섬으로 건너가서 지인의 집을 찾아가 그날 밤을 보냈다. 그 사이에 불길은 거의 꺼졌다. 어차피 자신의 집도 이미 불에 전부 타버렸을 것이기 때문에 돌아가도 소용없겠지만

'만약 쇠붙이라도 남아 있으면 주워 두어야겠다.'

고 생각하고는 다시 배를 타고 반대편 물가로 올라갔다. 주위를 둘러보자 시바이마치 마을의 뒤편에 있는 쇼텐초 마을의 서쪽 방면으로는 불길이 번졌으나 이 남자의 집은 동쪽편에 있었기 때문에 연기조차 뒤집어 쓰지 않

모리타 간야가 되었으며 1856년에는 모리森의 글자를 모리守로 바꾸었다. 지진이 일어난 것이 1855년이므로 본문에서의 모리타 간야는 제11대 반도 미쓰고로를 지칭한다.

93 현재의 도쿄토 스미다쿠墨田区에 해당하며 스미다가와隅田川 강의 동쪽에 위치해 있다.

고 무사히 남아 있었다. 이것을 보자 집을 새로 지은 듯
한 기분이 들었다. 자신의 집 대문에 도착해서

'이처럼 여유가 있을 것이라는 것을 알고 있었더라면
금고라도 들고 나왔을 텐데 너무 사정이 다급해서 서두
르다보니 몸 하나만 겨우 도망쳐 나온 것은 나 스스로서
도 바보 같은 일을 했구나. 이제는 아무것도 남김없이
도둑이 훔쳐갔을 것이다.'

라 후회하며 대문을 열었다. 집 안으로 들어가 좌우를
살펴보자 어젯밤에 나왔을 때 그대로 남아 있었고 먼지
하나 없어지지 않았다. 이 남자는

"이것은 정말로 이상한 일이로구나. 바로 옆에서 화재
가 일어나 허둥대며 피신했을 때 다행히 집안이 불에 타
지 않고 그대로 남아 있더라도 가재도구는 대부분 도둑
들이 훔쳐간다는 이야기를 들었다. 그런데 어젯밤 열한
시쯤에 지진이 일어난 이후로 오늘 오전 열한 시쯤이 될
때까지 대문을 잠그지도 않고 사람도 없었는데 집에 있
던 물건이 없어지지 않는 것은 정말로 감사한 일이다.
천황의 은혜는 고귀한 것이로구나. 그렇다고는 해도 옛
날에 태평성대라 불리던 엔기延喜[94]・덴랴쿠天曆[95]의 시

절조차도 악한 이는 끊이지 않았다고 한다. 그렇기 때문에 지금 이 시절에는 도둑의 근성이 없는 이가 없다. 그러나 도둑이나 불량배들이라도 자신의 목숨을 아까워하지 않는 이가 없기 때문에 이러한 큰 지진이 일어나자 두려워하며 도둑질을 하고자 하는 마음이 사라졌을 것이다.”

라 말했다.

그리고 나서 그 후에도 아직 여진이 일어나는 것을 두려워하여 자신의 집에서 자는 사람은 아무도 없었다. 낮에는 집에 있어도 저녁부터는 광장에 지어 둔 임시 거처로 남김없이 모여들어 밤을 보냈다. 시가지에는 이곳저곳 모두 빈 집만이 남았고 이를 지키는 사람조차 없었다. 도둑이 다니는 일도 없는 듯 하여 무엇 하나 도둑맞았다는 이야기를 듣지 못했다. 장소에 따라서는 임시 거처도

---

94 헤이안平安시대 제60대 다이고醍醐천황(재위:897~930) 시절의 연호. 덴랴쿠의 치세와 함께 천황의 친정親政에 의한 이상적인 정치가 이루어진 것으로 평가받았다.

95 헤이안시대 제62대 무라카미村上천황(재위:946~967) 시절의 연호. 엔기의 치세와 함께 천황의 친정에 의한 이상적인 정치가 이루어진 것으로 평가받았다.

지진이 일어난 후 쓰나미가 몰려오다

집에서 100~200m 정도 떨어진 곳에 있고 그보다 가까운 이도 있었다. 그렇지만 보통 각자의 집 대문 옆에서 머물렀던 것이 아니었기 때문에 도둑들이 밤에 집으로 와서 마음대로 가재도구를 훔쳐가도 아무도 무어라 말할 수 없었다. 그래도 집집마다 도둑이 안 들었던 것은 그 남자가 말했던 것처럼 도둑들도 두려워했기 때문일 것이다.

한편, 그 이후로 4~5일이 지나 6일인가 7일쯤 지났을 때였다.

"오늘밤 반드시 쓰나미津波가 밀려와 시바芝[96]·다카나와高輪[97]는 물론 스미다가와隅田川 강[98] 하류에도 물이 역류하고 간다神田 신사[99]의 언덕 아래까지 바닷물이 밀

---

96 도쿄토 미나토쿠港区 동쪽의 지명. 북쪽으로는 신바시新橋, 남쪽으로는 시나가와品川에 접해 있으며 에도시대에는 도쿄만東京湾이 바라보이는 명승지였다.

97 도쿄토 미나토쿠 남쪽의 지명. 도쿄만이 바라보이는 야마노테山手의 돌출부에 위치해 있다.

98 도쿄토 동쪽을 관통하는 아라카와荒川 강의 지류支流로서 도쿄만으로 흘러가는 강.

99 도쿄토 지요다쿠千代田区 소토칸다外神田에 있는 신사로서 약 1,300년의 역사를 지니고 있다. 오나무치노미코토大己貴命와 스쿠나히코나노미코토少名彦命를 모시고 있다.

려들어올 것이다.”

라며 어디서부턴가 뜬소문이 퍼졌다. 지진 때문에 얼이 빠진 사람들은 이 말을 듣자 앞뒤 사정도 알아보지 않고 놀랐으며 근거도 없는 말이 근거도 없는 말을 낳아 이곳 저곳으로 퍼졌다. 이 때문에 무식한 이, 부녀자, 아이들 과 같은 이들은 두려워 당황하며 힘 닿는 대로 가재도구 를 업기도 하고 어깨에 짊어지기도 하며 높은 곳으로 피 했는데 그 수는 몇 천 몇 만이 되었는지 헤아리기 어려웠 다. 때마침 그곳에 어느 지혜로운 이가 있었다.

　“절대로 그런 일이 있을 리가 없소. 안심하고 머물러 계십시오.”

라며 이치를 말하며 타일러도 이미 소란스러워진 기세 는 막기 어려웠다. 그래서 집안 사람들 모두가 피신한 곳도 적지 않았다. 그런데 아무 일도 일어나지 않았기 때문에 그때가 되어서야 비로소

　“전조가 없었으니 헛소문일지도 모른다.”

라며 절반쯤은 이를 깨닫고 후회하면서 집으로 돌아왔 다. 그런데 집에 와서 살펴보니 그 사이에 가재도구를 도둑맞은 집이 많이 있었다고 한다.

생각해 보면 도둑들은 처음에 사람들이 은신처에서 피해 있었을 때 아무것도 훔치지 못했던 것을 분하게 생각했던 것 같다. 그래서 거짓으로 일을 꾸미고 이런 유언비어를 퍼뜨린 후 사람들이 피신한 것을 살펴본 후 마음대로 훔쳤던 것이다. 이러한 일이 있다는 것도 미리 마음에 새겨 두고 어떠한 이변이 있을 것이라는 소문이 떠돌더라도 그 이치를 잘 판별하여 진위를 천천히 생각하며 이에 현혹되지 않는 사람을 재주와 지혜가 있는 사람이라 하는 것이다.

대개 쓰나미라는 것은 이 책의 처음 부분에서도 쓴 것처럼 지진으로 인해 해저의 진흙이 솟구쳐 올라 검은 파도가 일어 잠시 육지로 밀려들어오는 것이다. 예를 들면 대야에 물을 담아 두고 손으로 대야를 흔들었을 때 천천히 흔들면 물의 흔들림도 적다. 매우 세게 흔들면 흔들림도 강해지고 그 물이 대야 밖으로 넘쳐 흐르는데 쓰나미도 이와 같은 원리로서 땅이 흔들린 힘으로 물이 육지로 거슬러 올라가는 것이다. 따라서 큰 지진이 일어난 지 4~5일이 지나 바닷물이 육지로 거꾸로 흘러 올라오는 것은 일어날 수 없는 이치인 것이다. 원인이 없으면 일은

일어나지 않는다. 따라서 거짓 유언비어라는 것을 알아
차려야 하는 것이다. 그렇다고는 하지만 이 정도는 지혜
가 없고 어리석은 이라도 모르는 사람은 없다. 그러나
그 때는 심한 공포심 때문에 머릿속이 캄캄하게 되어 버
렸기 때문에 이러한 어리석은 일조차 알아채지 못하는
것이다.

한편, 그 무렵의 일이다. 누가 말했는지 알 수 없지만

"오늘 밤에는 반드시 큰 지진이 일어날 것이다. 내일
은 오늘 밤보다 훨씬 큰 지진이 일어날 것이다."
라며 떠들어대는 사람이 있었다. 내가 아는 사람 중에
매사에 사물을 잘 파악하는 무사가 있었다. 그가 이 이
야기를 듣더니

"'하늘에는 입은 없으나 사람으로 하여금 말하도록
한다[100]'라는 속담도 있습니다. 요즘 밤낮 없이 미동이
계속되고 있고 뿐만 아니라 사방을 보면 뿌옇게 보이며
맑지 않고 별이 유난히 크게 반짝입니다. 지진의 전조로

---

100 『헤이케 모노가타리平家物語』나 『다이헤이키太平記』 등에 등장
하는 구절이다. '하늘은 스스로 말하지 않으나 하늘의 뜻은 사
람의 입을 통하여 전해진다', '사람의 입을 통해 전해지는 말들
은 하늘의 뜻에 따르기 때문에 실제로 일어난다'는 뜻이다.

보이는 현상이 일어난 것입니다. 그렇기 때문에 이 소문은 근거가 없는 것은 아닐 것입니다."
라며 두려워하며 말했다.

한편, 그 때쯤 밖으로 나와 보자 시골 행색을 한 노파들 서너 명이 모여 이 이야기를 하고 있었는데 그 중 한 노파가 이렇게 말했다.

"내일 큰 지진이 일어날 것이라는 것은 누가 처음에 말했는지요? 거짓말인 것 같습니다."

그러자 다른 한 노파가 대답했다.

"그것은 누군가 천문天文에 밝은 사람이 말했을 것입니다. 방심해서는 안 됩니다."

그러자 그 노파가 비웃으면서 말했다.

"만약 천문에 밝다고 하더라도 무엇을 가지고 지진이라는 것을 알 수 있겠습니까. 만약 정말로 알 수 있다면 어째서 지진이 일어나기 전에 이를 말하지 않고 많은 사람이 죽도록 했겠습니까. 믿을 만한 일이 아닙니다."

그렇게 따진 후 이야기를 그만 두었다. 나는 옆에서 이 이야기를 듣고

'이 노파는 무지몽매한 시골출신으로 보이지만, 앞전

의 무사에 비하면 훨씬 지혜롭구나.'
라 미소지으며 자리에서 일어난 일이 있었다. 따라서 사
람은 한 마디 반 마디 말이라 하더라도 그 사람의 지혜
의 정도를 대개 짐작할 수 있는 것이다. 내가 몇 해 전에
지은 호랑이와 당나귀의 이야기[101]와 같은 것을 생각해
보면 좋을 것이다.

※　　　　※　　　　※

이에 대해 고찰해 보면 지진뿐만 아니라 번개나 때로
는 큰 화재와 같은 것은 모두 사람들이 두려워하는 것으
로서, 이것이 일어났을 때에는
　"며칠 몇 시에 천둥이나 화재가 일어날 것이다. 이것
은 신이 내려와 말씀하신 것이다."
라 말하거나
　"어느 신사의 무당들이 점친 것이다."
라며 허풍을 떨면서 호들갑스럽게 말하는데, 이것이 들

101　미상

119

어맞은 예는 없다. 그런데 이런 망언을 믿는 사람들은
억지로

"신내림이 있었기 때문에 어디어디의 유명한 승려가
기도하여 번개를 물리쳐 버렸다. 또 화재는 사람들이 조
심히 지켰기 때문에 난을 면했다."

라 말하며 입을 모아 떠받드는 사람도 많다. 이런 사람
들과 언쟁을 벌이며 힘을 낭비하는 것은 어차피 아무런
이득이 없는 것이긴 하지만 시험삼아 이에 대해 말해보
도록 하겠다.

천둥은 음과 양이 맞부딪혀 일어나는 것이기 때문에
기도한다고 해서 어찌 피할 수 있겠는가. 옛날에 스가와
라노 미치자네菅原道真[102]가 하늘의 천둥이 되어 교토京都
로 떨어지기 전에 히에이잔比叡山 산[103]에 들러 홋쇼보 손

---

102 845~903. 헤이안시대 초기의 귀족·학자·문인. 우다宇多천황
으로부터의 신임이 두터웠으며 견당사의 폐지를 주장했다. 특
히 학문에 뛰어나 후세에는 학문의 신으로 숭배되었다. 정권과
학파의 싸움 속에서 901년에는 후지와라노 도키히라藤原時平의
중상中傷에 의해 다자이大宰의 곤노소치権帥로 좌천되어 그곳에
서 생을 마쳤다. 불운한 말년을 보낸 것으로 인해『오카가미大
鏡』와『기타노텐진엔기北野天神縁起』등에는 죽은 후 원령怨靈이
되어 도키히라를 죽이거나 천재지변을 내린다는 전설이 기록
되어 있다.

이法性房尊意[104]에게 이렇게 말했다.

"만일 천황의 칙명이 있더라도 기도하지 마십시오."

그러자 손이가 대답했다.

"이 세상 끝까지 천황의 것이 아닌 것은 없습니다. 칙명이 내려오면 어찌 기도하지 않을 수 있겠습니까."

그러자 미치자네는 화를 내며 그 자리에 있던 석류를 집어 입에 넣고 옆에 있는 삼목나무 문에 뱉어버리자 석류는 순식간에 화염이 되어 삼목나무 문이 불타버리려 했다. 그러자 손이가 사수인[105]을 맺어 이를 가라앉혔다고 한다. 이 사실은 『겐코샤쿠쇼元亨釈書』[106]에 쓰여 있기

---

103 현재의 교토부京都府 북동부, 시가현滋賀県 오쓰시大津市의 경계에 걸쳐 있는 산. 예부터 신앙의 대상이 되어 엔랴쿠지延暦寺 절, 히요시 대사日吉大社로 번성했다.

104 866~940. 헤이안시대의 천태종 승려. 홋쇼보法性房는 호이다. 교토 출신으로 879년에 히에이잔 산에 올라 수행하여 득도했다. 926년에는 엔랴쿠지 절의 좌주座主(수석 승려)가 되었으며 938년에는 대승도大僧都(승려의 최고 위치)가 되었다.

105 원문은 '결인結印'이다. 수행자가 열 손가락을 구부리거나 펴서 부처나 보살의 법덕法徳의 표시인 인印을 맺는 것을 말한다.

106 가마쿠라鎌倉시대 후기의 불교서. 30권. 고칸시렌虎関師錬이 편찬했으며 1322년에 성립되었다. 불교의 전래에서 당시까지의 700여 년 간의 고승의 전기·평론·불교사 등이 한문체로 기술되어 있다. 이 이야기는 『겐코샤쿠쇼』 권10의 제9화 「엔랴쿠지

때문에 사람들이 잘 알고 있다. 그렇지만 진위의 여부는 알 수 없다. 그는 명승名僧이기 때문에 천둥이 떨어지기를 기원했다는 것은 없다고 할 수는 없는 것이다. 그러나 이에 대해서는 옛 사람들에게도 많은 논란거리가 되어 다양하게 논의되고 있다. 또 사람들이 주의깊게 지켰기 때문에 화재가 일어나지 않았다고도 하는데 이것도 일단은 이치에 맞는다. 그렇지 않아도 실수로 불이 일어나

절 손이延曆寺尊意」에 실린 이야기로서 해당부분을 소개하면 다음과 같다.

처음에 손이가 히에이잔 산에 있을 때였다. 하루는 스가와라노 미치자네가 죽은 몸으로 와서 말했다. "제가 이미 범천과 제석천의 허락을 받아 묵은 원한을 갚고자 합니다. 바라옵건대 스님께서는 도력으로 저를 막지 말아 주십시오." 그러자 손이가 대답했다. "그렇군요. 그렇지만 이 땅에 사는 사람들은 모두 천황의 백성입니다. 내가 만약 천황의 명령을 받는다면 어찌 거역할 수 있겠습니까?" 그러자 스가와라는 화를 냈다. 마침 석류가 있었는데 스가와라는 이것을 씹어서 내뱉고는 자리에서 일어나 곧바로 화염으로 변했다. 절은 불에 타 연기가 피어올랐다. 손이가 사수인을 맺어서 맞서자 그 불은 곧바로 꺼졌다. 불에 탄 흔적은 아직도 남아 있다. <중략> 천황은 좌우의 사람들에게 "손이는 성자이다"라고 말했다(初意在叡山。一日菅丞相化来語曰、「我已得梵釈許与。欲償夙憝。願師道力。勿拒我也。」意曰、「然。然率土者皆王民也。我若承皇詔。何所辟乎。」菅作色。適薦柘榴。菅吐哺而起。化作焰。坊戸煙騰。意潟潟水印擬之。其火即滅。燒痕尚在焉<中略>帝謂左右曰、「意者聖者也。」)

재산을 잃고 심할 때는 목숨을 잃게도 된다. 그래서 사람으로서 불을 조심하지 않는 사람은 없겠지만 그래도 이따금씩 큰 화재가 일어나는 것은 하늘의 운명 때문인 것일까. 명나라의 사조제謝肇淛[107]가 지은 『오잡조五雜俎』[108]에는

'화재는 원래부터 운명인 것이다. 남녀가 관광하고 유람하는 것은 천하태평의 상징이다.'[109]

라는 말이 있는데 이것으로부터도 알 수 있을 것이다.

---

107 생몰년 미상. 중국 명대의 수필집 『오잡조五雜俎』의 저자이다.

108 16권으로 구성되어 있으며, 자연현상과 인사人事의 삼라만상에 대해 천天·지地·인人·물物·사事의 5부로 나누고 이에 대해 고금의 문헌이나 저자의 풍부한 견문을 바탕으로 한 의견을 항목별로 정리한 것이다. 음양이나 풍수와 같은 미신사상을 부정하고 합리적인 경향을 가진 독특한 관찰안은 당시의 사회가 가진 모순을 날카롭게 꿰뚫어본 측면이 있으며, 명대의 정치·사회·문화를 이해하는데 귀중한 자료가 되고 있다.

109 『오잡조』 제2권 「천부天部」에 나오는 구절로서 원문은 '화재는 하늘로부터의 운명이며, 남녀 간의 유람도 천하가 태평하다는 상징이다. 어찌 금할 수 있겠는가(火災自有天數、而士女游觀、亦足占升平之象、亦何必禁哉)'이다.

지진 전후에 지맥地脈이 비틀어지는 이야기

대개 땅의 기운의 조화가 비틀어져서 음의 기운이 위로 올라가고 양의 기운이 아래에 갇혀 있으면 양의 기운은 아래에 머물러 있지 않고 다시 위로 분출하려 한다. 이렇게 되면 땅이 자연스럽게 부풀어 오르는 것은 떡을 굽는 것과 같은 원리이다. 이것은 이미 앞에서도 언급한 적이 있다. 이처럼 땅속이 움직이기 때문에 지맥地脈이 저절로 비틀어지는 것이다. 그렇기 때문에 우물의 물이 불어나기도 하고 줄어들기도 하며 평상시와는 다른 모습을 하게 된다.

한편, 작년 10월 2일에 큰 지진이 일어나기 전의 일이다. 아사쿠사浅草 오쿠라大蔵[110] 앞에 후쿠다야福田屋라는

---

110 아사쿠사浅草의 오쿠라大蔵는 막부의 쌀 저장고 중 한 곳이다. 세금으로 거두어 들이거나 구입한 쌀이 보관되었으며, 장군에

찻집[111]이 있었다. 그곳에 가마를 타고 온 사람이 있었는데, 가마를 짊어진 이가 마당을 왔다갔다 하더니 약간 움푹 패인 부분이 있어 무심코 지팡이로 찔러 보았다. 그러자 갑자기 맑은 샘물이 콸콸 솟아나와 흘러 내렸다. 찻집 주인은 이것을 보더니 매우 놀라 가까이 다가가 그 주변에도 구멍을 파자 점점 더 많은 샘물이 솟아나왔다. 사람들은 저마다 이상한 일이라며 이것을 보기 위해 북새통처럼 몰려들었다. 집주인은 물통의 바닥을 뚫은 후 샘물 위에 올려놓아 우물처럼 만들고는 물을 떠서 차를 끓여 마시자 그 맛 또한 좋았다. 이것을 보거나 들은 사람들은 저마다 이상한 일이라고만 생각할 뿐 지맥이 비틀어진 것이라는 것을 알아채지 못했다.

그런 일이 있고 나서 4~5일이 지나 큰 지진이 일어난 것이었다. 그 후 이곳저곳의 이야기를 들어보면 우물물

직속된 무사들에 대한 녹봉으로 하사되었다.

111 원문은 '미즈차야水茶屋'이다. 에도시대에 길거리, 신사나 절의 경내境內 등에서 손님들에게 차 등을 팔며 휴식을 취하도록 한 가게로서 남녀 간의 밀회나 매춘이 이루어지기도 했다.

『미야코 후조쿠카가미
都風俗鑑』에 그려진 미즈
차야水茶屋

이 평상시보다 절반 이상 줄거나 두 배가 되었다는 이야기가 있었다. 이것으로부터 생각해 보면 지맥이 비틀어져 물길이 바뀐 것이라는 것은 의심할 여지가 없다. 그렇기 때문에 후쿠다야 찻집의 마당에서 갑자기 맑은 샘물이 솟아난 것도 실로 지진의 전조였던 것이다. 내가 최근에 그 물을 확인해 보았더니 탁하고 파랗게 이끼가 끼어 있어 도저히 마실 수 있는 상황이 아니었다. 그 후로부터 다시 수개월이 지나면 어떻게 될 것인가. 그것은 알 수 없는 일이다.

　　※　　　　　※　　　　　　　※

　덧붙여 말하자면 이 시기에 아와安房 지방[112]의 바닷가에서는 평상시보다 세 배나 바닷물이 줄어들었다. 따라서 바닷가에서 노는 아이들은 기뻐하며 개펄로 가서 모래를 파고 조개를 주웠다. 바닷물이 빠진 개펄에는 때로는 바닷물에 있었던 양태나 가자미가 남아 있어 펄쩍펄쩍 뛰고 있었다. 이것을 줍기 위해 젊은이들은 모두 이 개펄로 모여들어 물고기를 잡는데 정신이 없었다. 그런데 어느 노인이 이곳으로 오더니

　"모두 산으로 올라가시오. 그렇지 않으면 목숨을 잃을 것이오."

라며 있는 힘껏 소리쳤다. 사람들은 그 이유는 몰랐지만 노인이 소리치는 대로 모두 산으로 올라간 후 노인에게 물었다.

　"어째서 이렇게 성급히 우리들을 산으로 올라가라고 한 것입니까?"

112　현재의 지바현千葉県 남부.

127

신사神社 앞바다를 건너다 배에 탄 사람들이 쓰나미를 만나 두려
워하다

129

그러자 노인이 대답했다.

"그건 말이네 내가 젊었을 때 이 해안의 바닷물이 몹시 빠졌던 적이 있었다네. 생각해 보면 오늘의 모습과 닮아 있었다네. 평상시에 이런 일이 일어나는 것은 드문 일이니 모두 기뻐하며 개펄에 가서 조개를 줍기도 하고 물고기를 잡기도 하며 실컷 즐기고 있었다네. 그 때 바닷물이 갑자기 소용돌이치더니 한꺼번에 몰려들어왔다네. 개펄에 있던 사람들은 한 명도 목숨을 건지지 못했고 시체조차 찾을 수 없었다네. 이것은 소위 말하는 쓰나미津波였다네. 쓰나미가 닥쳐 올 때는 바닷물이 한가득 앞바다로 빨려 들어갔다가 한꺼번에 맹렬히 몰려들어와 도망칠 틈도 없다네. 정말로 위험한 일이라네."

그러자 이 말이 끝나기가 무섭게 바다 저 쪽이 거멓게 되더니 몇 미터 높이인지 알 수 없을 정도로 바닷물이 작은 산처럼 용솟음쳐 오르면서 소용돌이치다 바닷가를 덮쳤다. 바닷물이 해안가로부터 수백 미터를 넘어 산기슭에 부딪히는 소리가 천지를 울렸는데 무섭다는 말조차 나오지 않을 정도였다. 이 모습을 보더니 젊은이들은 매우 놀라고 두려워하며

"만약 이 어르신이 안 계셨더라면 모두 바닷물에 빠져 죽었을 뻔 했다. 살려주셔서 감사한 일이다."

라며 노인에게 엎드려 절했다며 어떤 사람이 말했다. 이 것은 자벌레가 앞으로 나아가고자 할 때 잠시 웅크리는 것과 같은 이치이다. 바닷물이 급격히 빠져버렸을 때에 는 다시금 급격히 몰려올 것을 알아차리고 재난을 피해 야 한다.

또 다른 이야기를 말하자면, 나의 친구의 아는 사람이 볼일이 있어서 교토京都로 올라갔다가 가에이嘉永 7년 11 월 5일(양력 1854년 12월 24일)에 돌아오는 길에 구와 나桑名[113]의 바다를 건넜다. 배 위에서 해안쪽을 바라보자 소리는 들리지 않았지만 줄지어 늘어서 있는 소나무들 이 술렁이듯이 가지들이 서로 얽혀 흔들리고 있었다. 그 사람은 이 모습을 보더니

'분명히 바람이 세게 불고 있는 것일 것이다.'

라 생각했으나 바다 위는 이상하게도 평온했다. 배에 타 고 있는 사람들도 모두 이상히 여기면서 이 광경을 지켜

---

113 현재의 미에현三重県 북동부北東部의 이세만伊勢湾에 면해 있는 지명.

보고 있었는데 갑자기 바닷물이 새카맣게 변해 버리더
니 지금 바라보고 있던 바닷속이 보이지 않게 되었다.
사람들은 저마다

"이것은 도대체 어떻게 된 일인가."

라며 놀라 이상하게 생각하지 않는 이가 없었다. 그때
선장이 손님들에게 말했다.

"이것은 틀림없이 쓰나미입니다. 도망가려 해도 방법
이 없으니 여러분 각오하셔야 합니다."

그러자 함께 있던 사람들은 이 말을 듣고 매우 슬퍼하
면서 말했다.

"어떻게 해서든지 이 난을 벗어날 방법이 있으면 알
려주십시오."

그러자 선장은 고개를 가로저으며

"절대로 도망갈 수 없습니다. 천명天命에 따르는 수밖
에 없습니다."

라 대답하고는 저편을 바라보았다. 사람들도

"이젠 끝이로구나."

라며 가지고 있던 것 중에서 가장 값지고 중요한 것을
품 속에 넣어 동여매고 각오를 다졌다. 이윽고 바닷물이 우르릉거리는 소리가 울려 퍼지면서 먼바다로 거슬러 밀려갔던 바닷물이 다시금 육지 쪽으로 한꺼번에 밀려 들어왔다. 그 순간 파도에 올라탄 배의 밑부분에 파도가 부딪히는 소리가 들리더니 배가 6~9m 정도 허공으로 올라갔다가 잠시 후 풀썩하고 아래로 떨어졌다. 그리고 다시 파도에 부딪혀 방금처럼 허공으로 올라갔는데 이렇게 다섯 차례 이상 되풀이되자 배 안에 있던 사람들은 모두 제정신이 아니었다. 술에 취한 것처럼, 미친 것처럼 엎드린 채 나무아미타불 관세음보살을 외우는 사람도 있었다. 곧이어 바다는 잠잠해지고 배는 운이 좋게도 무사히 건너편 기슭에 도착했다. 배 안에 있던 사람들은 다시 살아난 심정으로 더할 나위 없이 기뻐했다.

결국 아쓰타熱田[114]의 역참에 무사히 도착하여 배에서 내려 육지로 올라가 보자 이곳은 큰 지진 때문에 집이 모조리 흔들려 무너져내려 있었다. 또 대들보나 횡목에 깔려 울며 소리치는 남녀의 비명소리로 귀청이 찢어질 듯

---

114 현재의 나고야시名古屋市 남부의 지명이다. 아쓰타 신궁神宮의 문전도시로서 발전했으며 에도시대에는 동해도東海道 최대의 역참마을이었다.

하니 모두 충격에 빠졌다. 이 지진 때문에 바다에서 쓰나미가 일어났다는 것을 생각하면 무서운 일이지만

"지금 이 상황을 보니 육지에서 이러한 재난을 당하기 보다는 바다 위에 있는 편이 훨씬 나았다. 바다 위에 있길 잘했다."

라며 무사한 것을 다행스럽게 생각했다. 그리고 아쓰타신궁神宮[115]이 바로 근처에 있었기 때문에 참배하여 앞으로 무사히 갈 수 있도록 기원하려 했다. 그런데 이상하게도 피해가 일어난 역참으로부터의 거리는 불과 약 1km 정도 밖에 안 되는 가까운 거리였으나 신사는 조금도 부서지지 않고 제단에 바쳐놓은 등불조차 꺼지지 않았다. 그래서 신이 지키시는 나라는 진정으로 고귀하다는 것을 마음에 새기고 감격의 눈물을 흘리며 잠시 기도를 올린 후 신사를 나섰다. 그 후 원래의 역참에서 출발하여 계속 아래쪽으로 내려가 보자 길가에는 모두 진흙이 뿜어져 나와 있어 미끄러워 걷기가 어려웠다. 사람이 사는

---

115 현재의 나고야시 아쓰타쿠熱田区에 있는 신사. 주제신은 삼종의 신기神器의 하나인 구사나기의 칼草薙剣을 신체神體로 하는 아쓰타 대신熱田大神이다.

집은 모두 무너져 있었고 먹을 것을 살 수 있는 집도 없었으며 머물만한 여관도 없었다. 에도까지는 아직 먼데 어떻게 가야할지 생각해 보니 더욱더 불안해서 온 몸의 힘이 빠졌다. 그래도 어떻게든 밥을 구한 후 밤이 되면 무너진 집에서 잠을 자면서 겨우 에도로 돌아왔다고 한다. 그가 돌아오는 길에 고생한 이야기를 많이 들려주었으나 번잡해지기 때문에 여기에서는 생략하도록 하겠다.

이 지진이 일어났을 때 내가 아는 사람인 나카야마中山 아무개라는 사람이 여러 지방을 돌아다니고 있을 때였다. 스루가駿河 지방116에 있을 때 이 지진을 만났는데 이 지방은 동해도東海道117에서도 특히 지진이 심했던 곳이라고 들었다. 그 날 오전 10시쯤 나카야마가 밖에 나가서 사람들과 이야기를 나누고 있었는데

---

116 현재의 시즈오카현静岡県 중앙부에 해당한다.

117 에도시대의 다섯 가도街道 중 하나이다. 에도에서 태평양 연안을 따라 교토에 이르는 가도로서 현재 대부분이 국도 1호선으로 되어 있다.

1854년 11월에 스루가駿河 지방에서 일어난 대지진으로 인해 진흙이 뿜어져 나오다

"앗! 지진이다!"

라 말할 겨를도 없이 두 다리에서 힘이 빠져 털썩 쓰러져

버렸다. 일어나려 해도 마치 아이들이 가지고 노는 쌀가

마니처럼 엎어져서 데굴데굴 구르기만 할 뿐 일어나지

못했다. 그때 흙탕물 속에서 모래 같기도 하고 연기 같기

도 한 것이 뿜어져 나와 온 얼굴에 뒤집어 썼다. 눈을 뜨

지도 못하고 입도 열지 못해 당황하며 어떤 상황인지 알

수 없었으나 잠시 후 진동이 멈추자 겨우 제정신으로 돌

아왔다. 나카야마는 자리에서 일어나 주위를 둘러보았

다. 집은 모두 무너져 있어 예전과는 완전히 다른 모습이

었다. 사방에서 사람들의 우는 목소리가 들려왔는데 이

것은 산채로 규환지옥叫喚地獄[118]에 떨어진 것이라 생각이

들 정도였다. 나카야마는 마음을 가라앉히고 자세히 살

펴보자 자신의 집도 바로 전에 무너졌는지 1m 정도나

땅 속으로 움푹 패어들어가 있었다. 옷이나 가재도구들

도 어디에 있는지 알고 싶었지만, 지붕과 벽이 무너져 덮

---

118 팔열지옥八熱地獄 중 네 번째의 지옥. 살생하고 도둑질하며 음란
    한 짓을 하고 술을 마신 죄인이 죽어서 가게 된다는 지옥으로,
    열탕이나 불 속에서 고통을 받으며 울부짖는다고 한다.

고 있었기 때문에 어디에 있는지 알더라도 지금 당장 꺼
낼 방법이 없어 어리둥절해 하고 있을 뿐이었다. 주위가
모두 이런 모습이었기 때문에 쌀은 한 숟가락도 구할 수
없었고 밥을 지을 그릇조차도 땅속에 파묻혀 있어 어떻
게 할 도리가 없었다. 특히 이 주변의 우물은 모두 무너
졌고, 무너지지 않았다고 하더라도 진흙이 들이쳐 전혀
마실 수 없었기 때문에 사람들은 먹지도 마시지도 못하
고 있었다(작자 주 : 생각해 보면 에도의 지진은 심했다
고는 하지만 이 정도로 큰 재해는 아니었다. 다친 사람들
이 다른 지역보다 많았던 것은 그 지역에 사람이 많았었
기 때문인 것뿐이다). 이렇게 해서 그 다음날이 되어 마
을 촌장이 여기저기에서 겨우 쌀을 모아왔다. 그것을 죽
으로 만들어 사람들에게 주자 겨우 허기를 채울 수 있었
다. 나카야마도 그 다음날 오후 두 시쯤이 되어서야 겨우
죽을 먹을 수 있었다고 한다.

　이 때에 슨푸駿府[119]에 있던 나의 친척의 하인 중에 요

119　현재의 시즈오카시静岡市에 해당한다. 중세에는 이마카와씨今
　　川氏의 거처로서 번영했으며, 도쿠가와 이에야스德川家康가 장
　　군 직에서 물러난 후 은거한 곳이다.

시조由蔵라는 이가 있었는데 이 지진에 대해 말했던 것을 들은 적이 있다. 그의 말에 의하면,

"앗! 지진이다."

라 말할 사이도 없이 덧문이 있는 창살도 순식간에 와르르 부서졌고 미닫이문도 무너졌다. 툇마루 끝에 있는 동자기둥도 일제히 무너지고 밖으로 나가려고 해도 제대로 일어설 수 없었다. 겨우 기면서 밖으로 나갔지만 계속 심하게 흔들렸기 때문에 옆에 있는 한 아름쯤 되는 큰 나무에 매달렸다. 그런데 이 나무도 심하게 흔들렸기 때문에 세 번 씩이나 손을 놓쳐 버렸다. 알고보니 이 나무가 흔들려 기울어졌을 때에는 나뭇가지가 땅에 닿을 정도였고 똑바로 섰을 때에는 마치 하늘에 닿을 것 같았기 때문이었다. 따라서 잘못해서 나무에 부딪히면 몸이 산산조각 날 것 같았기 때문에 이루 말할 수 없을 정도로 위험했으나 운 좋게도 무사히 살아날 수 있었다. 그러나 땅에 쓰러진 사람들은 전혀 일어나지 못했다. 그 때 땅이 크게 갈라져 진흙과 모래가 뿜어져 나왔다. 사람들은 온몸이 진흙투성이가 되어 얼굴도 구별할 수 없게 되었다. 진동이 그치고 겨우 일어나도 눈이 빙글빙글 돌아 걷지

도 못하고 마치 술에 매우 취한 사람 같았다. 한편, 그 후로 약 한 시간쯤 지나 여진이 일어났으나 이것은 처음과 비교해 보면 조금 약했다. 그 후로 시시각각 진동이 계속되었으며 그 횟수는 헤아릴 수 없을 정도로 많았다. 이 사실로부터 생각해 보면 에도의 지진이 아무리 심했다 하더라도 슨푸의 지진을 10이라 한다면 7정도에 해당할 것이다. 이처럼 정말로 무서웠다는 이야기를 전해주었다.

지진의 방향에 대해

일반적으로 지진이 일어났을 때에는 땅이 동쪽에서 흔들리기 시작했다거나 서쪽에서 흔들리기 시작했다는 말을 한다. 마찬가지로 남쪽이나 북쪽에서 지진이 왔다고도 한다. 그렇다면 지진이 일어나는 장소는 어디인가 생각해 보면 천둥처럼 산에서 발생해서 마을을 울리는 것은 아니다. 옛 책에 의하면 지구 한 바퀴는 9만 리里[120]라고 한다. 이것은 중국의 설이기 때문에 6정町[121]을 1리로 했기 때문일 것이다. 이것을 일본식인 1리를 36정으로 해서 계산하면 지구 한 바퀴는 15,000리[122]가 된다. 그렇게 보면 지구의 중심에서 지상까지는 2,500

---

120 1리는 중국에서는 약 650m, 일본에서는 약 4km, 한국에서는 약 400m에 해당한다. 본서에서 언급하는 것은 중국의 사례이므로 9만 리는 약 58,500km에 해당한다.

121 1정町은 약 109m에 해당한다.

122 일본에서의 1리는 약 4km이므로 15,000리는 약 60,000km에 해당한다.

리[123]가 된다.

한편, 역사적으로 보았을 때 일본과 중국에서 일어난 지진은 가장 큰 것이라도 영향을 미치는 범위는 사방으로 대략 200리에 지나지 않는다. 이번에 에도에서 일어난 지진은 영향이 사방 100리에 달했을 것이다. 그러나 이것은 커다란 지구에서 보면 미세한 진동에 지나지 않으며 동서남북 어느 쪽에서 왔다고도 할 수 없다. 지진이 일어나는 곳에는 진원지가 있다. 진원지에서 사방으로 진동이 전해지는데 매우 약하게 흔들리는 장소를 '끝末'이라고 하자. 이에 다음과 같이 그림으로 설명해 보도록 한다.

여기에 설명한 그림을 보면, 앞서 언급한 것처럼 사방으로 800리가 흔들렸다는 커다란 지진은 일본과 중국에서 고금을 통틀어 있을까 말까 한 정도이다. 이렇게 커다란 지진조차 전체적인 지구의 그림으로부터 본다면 그림과 같이 작다는 것을 알 수 있다. 하물며 아주 작은

---

123 2,500리는 약 10,000km에 해당한다. 앞 주석에서 지구의 둘레가 약 60,000km라 했으므로 원둘레의 공식으로 계산하면 $2 \times 3.14 \times 10,000km = 62,800km$이 된다.

이것은 지구로서 둘레는 약 15,000리이다. 지심地心이라 쓴 곳에서
표면까지는 2,500리이다. 두 개의 검은 점의 거리는 약 1,500리이
며, 작은 원은 사방 약 200리에 해당한다.

144

지진의 경우 그림으로 나타낼 수 없을 정도이다. 앞서 설
명한 것처럼 지진은 어떤 지점에서 일어나 충격이 사방
으로 퍼지는 것이기 때문에 동서남북의 어느 방향에서
전달되는 것은 아니다. 단, 중심부는 강하며 끝부분은
점차로 약해진다. 생각건대 이번에 에도에서 일어난 지
진은 에도가 진원지가 된 것 같다. 그 중에서 아사쿠사浅
草에서 혼조本所[124], 후카가와深川[125]를 진원지로 해서 야마
노테山の手[126] 방면의 이치가야市ヶ谷[127], 우시고메牛込[128],
오쿠보大窪[129] 쪽을 끝으로 했다. 에도에서는 원래 지진
은 드물게 일어나는데 겐로쿠元禄 16년(1703)에 일어난

---

124 도쿄토東京都 스미다쿠墨田区 남서부의 지명으로서 스미다가와
隅田川 강 동쪽에 위치해 있다.

125 도쿄토 고토쿠江東区 북서부의 지명.

126 높은 지대에 있는 주택지. 에도시대에는 고지마치麹町, 요쓰야
四谷, 우시고메牛込, 아카사카赤坂, 고이시카와小石川, 혼고本郷 등
을 지칭했으며 무사의 저택이나 사원이 많았다.

127 도쿄토 신주쿠쿠新宿区 동쪽 일대에 있는 높은 지대. 예전에는
요쓰야까지 네 개의 고개가 있었으며 첫 번째 고개를 이치가야
一ヶ谷라 했으나 후에 이치가야市ヶ谷라 표기하게 되었다. 에도
시대에는 절, 사원, 무사의 저택이 많았다.

128 도쿄토 신주쿠쿠 북쪽의 지명.

129 도쿄토 신주쿠쿠의 지명으로 현재의 오쿠보大久保를 지칭한다.

대지진[130]으로부터 160년 정도 지났기 때문에 알고 있는 사람은 전혀 없으며 전해져 온 이야기조차 알고 있는 이는 적다. 그저 번화한 지역이었기 때문에 화재는 옛날부터 자주 있었다. 그 때문에 방화의 준비에 대해서는 사람들이 엄중하게 주의를 기하고 있었지만 지진에 대해서는 주의를 기울이지 않았다. 따라서 이번의 천재지변으로 사망한 이가 많았다는 이야기를 들었다. 의식이 있는 사람은 앞으로 집을 짓거나 살 때 토지를 선택하는 것이 가장 중요할 것이다.

안세이 견문록 중권 끝

---

130 겐로쿠元禄 16년 11월 23일(양력 1703년 12월 31일) 오전 2시경 관동 지방에서 일어난 겐로쿠 지진을 지칭한다. 진원지는 지바현千葉県 노지마자키野島崎이며 진도는 7.9~8.2로 추정된다.

『안세이 견문록』

하권

절부節婦가 옷을 버리고 남편의
시체를 찾아낸 이야기

인간으로서 중요한 것은 진실된 마음가짐이다. 비록 온갖 재주가 뛰어나다고 하더라도 진실된 마음가짐이 없는 이는 인간이라 하더라도 인간이라 부를 수 없다. 이 정도는 누구나 잘 알고 있는 일이다. 그러나 자신에게 이득이 되는 일에 대해서는 진심을 다하지만, 위대한 사람이라 할지라도 자신에게 이득이 되지 않게 되면 평상시와는 다른 행동을 취하는 이가 있다.

가까운 예를 들면, 자신이 부귀할 때 교제하는 사람들은 모두 진실된 마음가짐을 가지고 있다. 그러나 일단 그 권력을 잃어 망해버리면 친했던 사람들도 멀어지고 죽음으로써 맹세를 했던 이들도 마치 지나치다 만난 것처럼 행동하는 경우가 세상에는 많이 있다. 그래도 옛날의 친분을 잊지 않고 부자이건 가난하건 불우하건 출세를 했건 간에 관계없이 사귀는 사람이야말로 진실된 마음가짐을 가진 사람이라 할 수 있을 것이다.

　부자와 형제지간에 대해서는 논외로 치고 부부의 경우 원래는 남남이다. 이미 부부가 되고 나서는 서로간에 진실된 마음을 다해야 한다는 것은 새삼 말할 필요도 없다. 그 중에는 진실된 마음을 다하는 이도 있거니와 그렇지 못한 이도 있는데 이것은 저마다 천성이 원래 그렇기 때문이다. 한편, 인간으로서의 도리를 모르는 사람들은 부모가 가르쳐주지 않았기 때문이며, 여인 중에는 제멋대로 되어 남편을 하인처럼 생각하는 경우가 있다. 그러나 남편으로서도 사랑에 빠져 아내가 불손하고 무례한 것을 꾸짖지 않으니, 날이 가고 달이 가며 새해가 되어 세월이 지나는 동안에 이것이 습관적으로 되어버린다. 따라서 여인은 자기 자신이 무례하다는 것을 알지 못하며 남편도 아내의 성격은 이제는 고칠 방법이 없다고 생각하고 그대로 지낸다. 이러한 사람들은 중간층 이상에는 없으나 미천한 부부 사이에서는 열 중에서 일곱 여덟은 이런 부류의 사람들이다. 미천한 사람들 중에서 진실된 마음가짐을 가진 이는 드물기 때문에 부부가 함

절부節婦가 옷을 버리고 남편의 시체를 옷고리짝에 넣다.

께 어리석거나 불초不肖한 것은 다른 사람들이 비난할 수는 없다.

그렇기 때문에 음란한 행동으로 비난을 사며 이혼의 원인이 되는 일도 자주 있다. 물론 예절을 잘 지키며 불손하지 않은 여인에게는 진실된 마음가짐도 또한 갖추어져 있는 법이다. 따라서 사람이 진실된지 진실되지 못한지를 알고 싶다면 평상시의 언행을 보고 판단해야 할 것이다.

한편, 혼조本所[131] 북쪽의 어딘가에 가난한 부부가 살고 있었다. 평상시의 모습을 보면 아내는 남편을 공경하고 남편 또한 아내를 사랑해서 한 번도 부부싸움을 하지 않고 금슬좋게 지냈다. 작년 10월 2일 밤에 큰 지진이 일어나자 매우 놀라 부부가 함께 밖으로 뛰쳐나갔다. 그런데 근처에서 화재가 일어나 이 집에도 화염이 덮치려 하고 있었다. 원래부터 가난한 신세였기 때문에 하다못해 갈아입을 옷을 넣어둔 옷고리짝[132]이라도 가지고 나오

---

131 도쿄토東京都 스미다쿠墨田区 남서부의 지명으로서 스미다가와隅田川 강 동쪽에 위치해 있다.

132 가재도구의 하나로서 의복을 넣는 덮개가 달린 상자를 말한다

려고 남편은 무너진 집 안으로 허리를 굽히고 들어가 겨우 옷고리짝을 짊어지고 나왔다. 그리고 나서 아직 불타지 않은 잡다한 가재도구들을 더 가지고 나오려고 옷고리짝을 아내에게 가지고 있도록 하고 다시 집 안으로 뛰어 들어갔다. 그런데 여태까지 기둥에 잘 버티고 있던 대들보가 어찌된 일인지 남편의 머리 위로 쿵 하고 떨어져 버렸다.

'앗'

하는 소리에 남편이 쓰러지는 것이 보였고 급소를 맞았는지 그대로 숨이 끊어져 버렸다. 아내는 깜짝 놀라 걱정하며 다가가 남편을 일으켜 보았으나 전혀 정신을 차리지 못했다. 큰 소리로 몇 번이고 불러 정신을 차리도록 해 보았으나 아무런 소용이 없었다. 그러던 중에 화염이 다가와 곧이어 자신의 집으로 옮겨붙으려 했다. 아내는 몹시 큰 한숨을 지으며

'여기에서 남편의 시체가 불에 타버리면 이것은 남편

(삽화참조). 원래는 댕댕이 덩굴의 덩굴로 만들었으나 후에는 대나무와 노송나무의 얇은 판으로 엮어 만들어 그 위에 종이를 발랐다.

에게 있어서는 있을 수 없는 일이다. 한 명이라도 도와주면 남편을 업어 이 자리에서 빠져나갈 수 있을 텐데'라며 주위를 둘러보아도 이러한 소란 속에서는 아무에게도 부탁할 방법이 없었다. 아내는 짊어지고 있던 옷고리짝을 그 자리에 내려놓고 덮개를 열어 안에 있는 옷들을 모두 꺼내 버리고 남편의 시체를 일으켜 있는 힘껏 껴안아 옷고리짝 안에 넣었다. 그리고는 덮개를 덮고 자물쇠로 잠근 후 업어보려 했으나 전과는 달리 너무 무거워 다른 것을 가져갈 수가 없었다. 아쉽다고는 생각했으나 하는 수 없이 옷들을 버려두고 일단은 불길을 먼저 피했다. 아내는

'이번 난리에는 어디로 가더라도 평안한 곳은 없을 것이다. 만약 친척이나 지인의 집에 간다고 하더라도 평상시처럼 장례를 치르지 못할 것임에 틀림없다. 그렇다면 아사쿠사浅草 관음觀音[133]의 뒤편에 평소부터 알고 지내던 절이 있으니 어찌되었건 간에 그곳으로 짊어지고 가보자.'

---

133 도쿄토 다이토쿠台東区에 있는 센소지浅草寺 절을 지칭한다.

라 생각하고 불쌍히 혼자서 아사쿠사가와浅草川 강[134]의
강가로 나섰다. 그리고는 겨우 아즈마바시吾妻橋 다리[135]
를 건너려고 하자 나이는 스물 너댓 정도 되는 남자가 앞
서거니 뒤서거니 하면서 지나가다 말을 걸었다.

"여인의 몸으로 커다란 옷고리짝을 짊어지시다니 힘
들겠습니다. 저는 야마노테山の手[136]에서 살고 있는 사람
으로서 이쪽에는 친척이 있어서 안부를 묻고 돌아가는
중입니다. 제가 사는 집은 흔들림도 적어서 집이 무너질
정도는 아니었기 때문에 이렇게 멀리까지 왔습니다. 그
래서 처음 뵙는 분이기는 하지만 어려움을 보고서도 차
마 못 본 척할 수 없으니 제가 그 옷고리짝을 짊어지겠습
니다. 당신은 앞장서서 갈 길을 안내해 주십시오."

---

134 도쿄토 스미다가와 강의 아즈마바시吾妻橋 다리 근처에서 아사
쿠사바시浅草橋 다리 근처까지의 별칭.

135 도쿄토 스미다가와 강에 걸려 있는 다리 중 하나. 에도江戸에서
동쪽으로 연결된다는 뜻의 아즈마바시東橋 다리에서 한자가 바
뀌었다. 다이토쿠 아사쿠사浅草와 스미다쿠 무코지마向島 섬을
연결하며 1774년에 건설되었다.

136 높은 지대에 있는 주택지. 에도시대에는 고지마치麴町, 요쓰야
四谷, 우시고메牛込, 아카사카赤坂, 고이시카와小石川, 혼고本郷 등
을 지칭했으며 무사의 저택이나 사원이 많았다.

여인은 고개를 돌려 남자를 보았다. 말투는 부드러웠지만 골격은 늠름했으며 얼굴을 보니 마음속에 무언가 수상한 생각을 하고 있는 것은 아닌지 생각이 들었다. 그래서

"당신의 마음씨는 기쁘게 생각합니다만 이 옷고리짝 안에는 저의 몸과도 바꿀 수 없는 소중한 것이 들어 있습니다. 따라서 다른 사람에게 맡길 수 없습니다."

라 대답하고 서둘러 지나갔다. 그러자 남자는 빠른 발걸음으로 다가왔다.

"저를 이상한 사람이라 생각하고 그런 식으로 거절하시는 것인지요. 만약 그렇다면 여기에 있는 이 꾸러미도 역시 저에게는 소중한 것입니다. 당신에게 맡기겠습니다. 안심하고 그 옷고리짝을 제가 짊어지도록 해 주십시오. 제가 이렇게 말하는 것은 이런 때에 조금이라도 선을 쌓기 위한 것인데 의심이 많으시군요."

그리고는 억지로 옷고리짝을 등에 짊어지려 했다. 남자가 이렇게 나오자 여인도 이제는 어깨가 부서질 듯 했기 때문에

"그렇게 불쌍히 여겨 주신다면 호의를 받아들여 저는 잠시라도 피로를 덜도록 하겠습니다. 부탁합니다."

라며 옷고리짝을 그자리에 내려놓았다. 남자는 다가와 가볍게 짊어지더니

"생각보다 무겁군요. 여인의 몸으로 고생이 많으셨겠습니다. 자, 이제부터 어디든지 모셔다 드리겠습니다."
라 말하며 가지고 있던 꾸러미를 약속대로 여인에게 건네주었다. 여인은 이것을 받아들어 보자 안에는 무엇이 들었는지 알 수 없었다. 옷으로 치자면 한 벌 정도 되는 부피였지만 무게는 매우 무거웠다.

'여기에는 돈이 들어있을 지도 모르겠구나. 만약 잃어버린다면 은혜를 저버리는 일이 되겠구나.'

여인은 이렇게 생각하고 매듭에 팔을 집어넣어 겨드랑이에 꽉 껴안았다. 이렇게 길을 2~300m 정도 가다가 다와라마치田原町[137]를 지나고 있을 무렵이었다. 남자는 앞장서서 걸어가다가 아무 말도 하지 않고 뒤를 돌아보더니 갑자기 여인을 밀어 넘어뜨렸다.

"이것은 도대체 무슨 짓입니까?"

여인이 이렇게 소리치며 쓰러지자 남자는 그 위에 올

---

137 현재의 도쿄토 다이토쿠 가미나리몬雷門 1번지 부근에 해당한다.

절부가 도적을 만났으나 오히려 많은 금화를 손에 넣다.

라타더니 보자기에 싼 것을 빼앗으려 했다. 여인도 이를 알아차리고 있는 힘껏 꾸러미를 껴안으며

"도둑이야! 도둑이야!"

라며 소리쳤다. 그러자 사람들이 여기저기에서 이 목소리를 듣고 다가오는 듯 했다. 남자는 어쩔 수 없이 손을 놓고 옷고리짝을 짊어진 채 어둠 속으로 도망쳐버렸다. 사람들이 몰려들어 여인을 일으켜 세우며 물었다.

"도둑에게 무엇을 빼앗겼습니까?"

여인은 온 몸에 묻은 먼지를 털어내며 지금까지 있었던 일을 상세하게 이야기했다.

"옷고리짝 대신이라며 그 남자로부터 이 꾸러미를 받았습니다. 일단은 이 안을 봐 주십시오."

사람들이 몰려들어 꾸러미를 펼쳐보자 꾸러미는 남색 줄무늬 모양의 옷 한 벌이었다. 그 안에는 종이로 무언가 묵직한 것을 감쌌는데 이것을 꺼내 보자 이주금二朱金 30냥[138]이 들어 있었다. 여인은 이것을 보더니 매우 놀

---

138 에도시대의 금화로서 1697년에 처음으로 발행되었다. 덴포天保 3년(1832)에는 덴포 이주금二朱金, 만엔万延 원년(1860)에는 만엔 이주금이 발행되었고, 이것이 메이지明治 이주금이라 명칭이 바뀌어 메이지 2년(1869)까지 주조되었다. 에도시대의

라며

"어째서 이렇게 많은 돈을 나에게 맡겼을까?"

라며 어찌된 영문인지 전혀 알 수 없었다. 이 자리에 모인 사람들도 모두 고개를 갸우뚱거리며 말했다.

"생각해 보면 그 남자는 사람의 시체를 넣은 옷꾸러미라는 것은 전혀 알지 못한 채 당신을 속이고 빼앗은 것입니다. 그 사람은 분명히 도적이기 때문에 이 돈꾸러미도 원래는 혼란을 틈타 남의 집 안에 들어가 훔쳤을 것입니다. 그래서 이 꾸러미 안에 이렇게 많은 돈이 들어 있는 줄은 생각지도 못한 채 당신의 옷고리짝이 무거운 것을 보더니 좋은 것이 들어 있다고 생각하고 당신이 의심하지 않도록 하기 위해 이 꾸러미를 건네준 것임에 틀림없습니다. 정말로 멍청한 짓을 한 도둑입니다. 그러고 보니 그 옷고리짝 안에는 당신의 남편의 시체가 들어 있다고 하니 나중에 열어보면 재수가 없다고 생각해서 개천이나 수로에다 던져 버릴 것입니다. 그렇다면 당신

화폐의 가치는 시기와 지역별로 많은 차이가 있어 한 마디로 정의하기는 어렵지만, 에도시대 후기의 금 한 냥은 약 5만엔에 해당되었으므로, 본문에서의 30냥은 약150만엔에 해당하는 금액이다.

161

이 갈아입을 옷을 버리고 남편의 시체를 데려온 진실된 마음가짐도 물거품이 될테니 이 또한 매우 안타까운 일입니다. 게다가 이 꾸러미 안에 이렇게 큰 돈이 들어있다는 것은 이것 또한 성가신 일이 되었습니다. 이대로 놔 둘 수도 없으니 일단 이 사실을 관청에 신고를 하고 그 판단에 맡기는 것이 가장 좋은 방법입니다."

이렇게 모두의 의견이 하나로 정해지고 여인은 그대로 관청에 신고를 했다고 한다. 도둑은 그 옷고리짝을 짊어지고 도망친 후 그 다음에는 어떻게 되었는지 사실은 알 수 없으나 가마쿠라鎌倉 하안河岸[139]의 물가에 그대로 버려두고 도망쳤다고 한다. 옷고리짝에 마을 이름과 주인의 이름까지 기록해 두었기 때문에 그 동네 사람들이 그것을 가지고 와서 여인의 행방을 찾아 건네주었다고 한다. 여인은 남편의 시체를 되찾고는 더할 나위 없이 기뻐했다. 그 후 결국 선조 대대의 위패를 모신 절로 보내 공손히 장례를 치렀다. 도적이 건네준 돈은 모두 이

---

139 도쿄토 지요다쿠千代田区 우치칸다内神田에 있었던 하안河岸. 에도성江戸城 수축修築을 위해 큰 돌을 배에서 내렸던 장소로서 인부와 석공 중에 가마쿠라 출신자가 많았기 때문에, 또한 가마쿠라에서 날라 온 돌을 배에서 내렸기 때문에 붙여진 지명이다.

여인의 진실된 마음가짐에 의해 신으로부터 받은 것이라며 관청에서 여인의 것으로 판결을 내려 주었기 때문에 여인은 다시금 기뻐하며 성대히 불사佛事를 치렀다고 한다.

재산을 버리고 부모를 지킨 남자의 이야기

에도江戸의 아사쿠사바시浅草橋 다리[140] 근처에 가난한 남자가 혼자서 살고 있었다. 그는 부인과 사별한 남자로서 젊은 시절에는 상당히 부유한 상인 집에서 일했으며 매우 성실하고 정직했기 때문에 주인은 둘도 없는 일꾼이라 생각했다. 그러나 흥망성쇠는 누구에게나 있는 법이라 주인집이 해마다 쇠락해지더니 결국 남자에게 일을 그만두도록 하기에 이르렀다. 이 남자도 오랜 기간 동안 열심히 일한 보람도 없이 결국 해고를 당하자 울면서 상인의 집을 나와 부모 곁으로 돌아갔다. 부모는 이 때 70세가 넘었고 원래부터 변변한 일도 없었다. 남자는 상

---

140 도쿄토東京都 다이토쿠台東区와 주오쿠中央区의 경계에 있는 다리로서 간다가와神田川 강이 스미다가와隅田川 강과 합류하는 지점에 걸려 있다.

인의 집에서 일했을 때부터 자신의 월급은 전부 부모에게 보내 부모를 모시도록 할 정도였기 때문에 이제는 이렇게 일거리가 없는 신세가 되니 어찌할 방도가 없었다. 그래서 주인집에서 일할 때부터 익혀 두었던 제과기술로 과자를 만들어 아주 적은 양이긴 하지만 보자기에 싸서 아는 집마다 찾아가서는 싼 가격으로 팔면서 약간의 돈을 벌어 하루하루를 겨우 연명하며 보냈다. 그런데 부모는 나이가 들었기 때문에 많은 사람들이 드나드는 것을 못마땅하게 생각해서 언제나 이런저런 잔소리를 했다. 남자도 이것을 죄송스럽게 생각하다가 결국에는 작은 집을 따로 빌려 혼자 살면서 과자를 만들어 팔러 나갔다. 그리고 부모님이 불편하지 않도록 조심하면서 동생과 의논하면서 늙은 부모를 모셨다.

그런데 이날 밤 지진 때문에 옆 마을에서는 많은 집이 무너져 사람들이 깔려 죽었다는 소식이 전해져 왔다. 남자는 이 이야기를 듣고 걱정이 된 나머지 부모님이 사는 집으로 찾아갔다. 그러자 주변은 모두 무너져 있었고 발을 디딜 틈도 없었다.

'그렇다면 부모님은 나이도 드시고 손발의 힘도 약하

165

시니 틀림없이 대들보 아래에 깔리셨을 것이다.'

이렇게 생각하니 심장은 쿵쾅거리며 떨려왔다. 슬피 울며 무너진 집들을 헤치고 뛰어 넘어 겨우 자신의 집에 도착했다. 아니나 다를까 기둥이 부러지고 용마루는 무너져 있었으며 처마는 땅바닥에 떨어져 있었다. 남자는 정신없이 있는 힘껏 나무들을 걷어치우고 집 안을 들여다보며 목청껏 부모님을 불러 보았다. 그러나 아무런 대답도 없고 사람이 있는 것 같지도 않았다.

'그렇다면 긴급히 이곳을 도망쳐 나오셨을까?'

남자는 이렇게 생각하면서 잠시 머물러 있었다. 그때 불이 나지 않았는지 순찰하기 위해 초롱불을 비추면서 두세 명이 다가오는 것이 보였다.

"이 집에 살고 있던 노부부는 어디로 몸을 피하셨습니까? 혹시 알고 계신지요?"

그러자 순찰하는 이들이 대답했다.

"방금 전에 지진이 일어났을 때 노부부가 집에서 빠져나오셨지요. 그래서 나가야長屋[141]에 사는 누군가가 손을

---

141 칸을 막아서 여러 가구가 살 수 있도록 길게 만든 집, 또는 용마루가 긴 집을 의미한다.

이끌며 함께 료코쿠바시両国橋 다리[142] 쪽으로 몸을 피하
셨습니다. 그래서 아마도 다치지는 않았을 것입니다. 그
곳을 찾아 보시지요.”

　남자는 이 말을 듣자마자

　‘그럼 목숨은 건지셨구나.’

라며 손을 모으고 하늘을 향해 잠시 기도를 드린 후 정
신을 차려 보았다. 그리고는 료코쿠바시 다리쪽으로 가
서 이곳저곳을 찾아보자 히로코지広小路[143]라는 곳에 무
사히 계셨다. 남자는 이를 보자 가까이 다가가

　“아아, 아버지, 어머니! 무사하셔서서 기쁩니다.”

라며 눈물을 흘리며 춤추듯이 기뻐했다. 그리고는 아는
사람의 집으로 찾아가 문짝 하나와 다다미를 빌려와 깔
고 부모에게 앉도록 한 후 말했다.

142　스미다가와 강 하류에 걸려 있는 다리. 도쿄토 주오쿠 히가시니
　　혼바시東日本橋와 스미다쿠墨田区 료코쿠両国를 연결한다. 메이
　　레키明暦의 대화재(1657) 후에 착공되어 1659년에 완공되었
　　다. 에도시대부터 벚꽃구경의 명소로 유명하다.

143　원래는 폭이 넓은 도로를 뜻한다. 특히 에도에서는 메이레키의
　　대화재 후에 화재가 났을 때 피난하기 위한 장소로서 시가지의
　　각 장소에 조성되었다. 료코쿠, 우에노上野, 에도바시江戸橋 등
　　과 같이 번화가로서 발전한 곳도 많다.

효자가 부모를 지키기 위해 가재도구는 잊어버리다.

"일단 이것으로 안심했습니다."

그 후 부모를 모시고 온 이도 찾아내서 베풀어 준 은혜에 크게 감사의 뜻을 표하고 곁을 떠나지 않으며 한 시간 정도 머물렀다. 그런데 점점 밤이 깊어오자 추운 것을 느꼈다.

'부모님은 아마 추우실 것이다.'

남자는 이렇게 생각하고 다시금 부모가 머물러 있던 집으로 찾아갔다. 그리고 겨우 잠옷 한 장을 꺼내 어깨에 걸치고 나오는데 동생을 만나 지금까지 있었던 일을 이야기했다. 동생은 형 보다 사는 곳이 멀었기 때문에 찾아오는 것이 늦은 것을 사죄하고 함께 히로코지에 계시는 부모님께 찾아가 일단은 무사한 것을 다행이라 여겼다. 동생은 예전부터 분가해서 처자식이 있었는데 그곳도 지진의 피해가 심해서 가옥은 모두 무너지고 부서져 단지 무사하기만 해도 다행이었고 많은 사람들이 길바닥에서 신음하며 고통스러워하고 있다고 했다. 이 이야기를 듣자 부모는 며느리와 손자손녀가 무사한지만 걱정했다.

"너는 얼른 가서 아이들이 무사한지 살펴보거라. 우리

들은 이곳에 있으면서 특히 네 형이 옆에서 잘 보살펴 주고 있기 때문에 조금도 걱정스러운 일은 없느니라."

그리고 형도 동생에게 얼른 돌아가도록 권유했기 때문에

"그렇다면 가보겠습니다."

라며 동생은 자리에서 떠났다.

형은 밤새도록 부모 곁에서 떠나지 않고 보살펴 주었다. 그렇지만 곧 있으면 날이 밝아오는데 밥이 한 그릇도 없는 것을 알게 되었다. 그 때 자신에게 약간의 돈이 있었는데 이 난리에 마음이 조급한 나머지 품 안에 넣어두지도 못하고 피해 나온 것이 생각났다. 지진이 일어난 후 집 안의 사정은 생각할 겨를도 없었던 것이었다. 오로지 부모 곁을 떠나지 말아야겠다고 생각하고 있었지만 이제 와서 생각해 보니

'지난밤에 집에 돌아갔을 때 그 돈만이라도 가지고 나올걸 그랬구나. 바보같은 짓을 했구나. 분명히 지금쯤은 도둑이 들어 사라졌을 것이다.'

라는 생각이 들어도 달리 방법이 없었다.

'일단은 집으로 돌아가 돈이 있는지 없는지 살펴보아

야겠다.'

남자는 이렇게 생각하고 이 사실을 부모님께 말씀드린 후 자신의 집으로 돌아가 보았다. 그러자 집 주변은 화재도 일어나지 않았고 무엇보다도 흔들림이 적었는지 처마가 조금 기울어지기만 했을 뿐 집이 무너진 것은 아니었다. 집안으로 들어가 보자 지난밤에 나왔을 때 그대로였고 무엇 하나 없어진 것도 없었다. 남자는 매우 기뻐하며 돈을 품 속에 넣고 약간의 남은 밥과 만들다만 과자까지 바구니에 넣어 어깨에 짊어지고 돌아갔다. 그리고는 과자를 부모에게 드리고 자신도 먹으며 주위 사람들에게도 베풀어 주고 잠시 동안 허기를 달랬다.

이것은 특별한 이야기가 아니다. 부모가 있는 사람의 마음가짐은 누구나 이러해야 할 것인데 갑자기 천재지변을 당하면 먼저 앞으로의 일을 생각하기 때문에 돈과 가재도구를 먼저 생각하고, 부모를 보살피는 것을 뒷전으로 미루는 일이 있어 이 남자와는 상당히 차이가 있다.

　　　　※　　　　　　※　　　　　　　※

　이야기 한 김에 한 가지 더 써 보기로 한다. 덴쇼天正[144]
쯤에 아무개 무사가 살고 있었다. 그는 잡무를 처리하는
부서의 우두머리를 맡고 있었는데 이 남자는 태어나면
서부터 돈을 밝혀 모으는데 열중했다. 때때로 모아둔 금
화를 꺼내서 서재에 늘어놓고 숫자를 세면서 돈이 점차
로 늘어나는 것을 흐뭇해하고 있었다.

　어느날 이 무사가 여느 때처럼 자신이 모아둔 금화를
꺼내서 넓은 서재에 전부 깔아놓았다. 혼자서 만면에 웃
음을 지으며 더할 나위 없이 즐거워하며 바라보고 있을
때 어떤 사람이 찾아와서 급하게 전해주었다.

　"지금 부하 아무개가 사소한 싸움 때문에 칼부림이
일어날 것 같습니다. 얼른 오셔서 진정시켜 주십시오."

　그 남자는 이 이야기를 듣고 놀라 금화를 정리할 시간
도 없이 그대로 그 자리로 달려갔다. 그런데 싸움은 이

144　전국시대 106대 오기마치正親町천황과 107대 고요제後陽成천황
　　시절의 연호. 1573~1592년에 해당하며, 오다 노부나가織田信長
　　와 도요토미 히데요시豊臣秀吉가 활약하던 시기였다.

것저것 뒤죽박죽이 되어 좀처럼 해결될 기미가 보이지 않았다. 그날 밤을 지새우고 다음날 낮이 지나서야 겨우 일이 진정되었기 때문에 무사는 겨우 집으로 돌아왔다.

무사가 평상시에 그렇게 애지중지했던 금화를 서재에 깔아 놓고 있을 때 뜻하지 않게 소란이 일어났다. 그렇지만 무사는 금화를 그대로 놓아둔 채 만 하루 동안 그 일의 중재 때문에 집으로 돌아가지 않았음에도 불구하고 금화에 대한 일은 전혀 신경을 쓰지 않았던 것이다. 평상시부터

"무사이면서도 금은을 쌓아두는 것을 좋아하다니. 정말로 천한 일이로구나."

라며 비난하는 이가 많았으나 이번 일이 일어나고 나서는 비난하던 이가 모두 입을 다물었다.

"이것이야말로 무사의 기개氣槪로구나."

라며 사람들은 이번 일에 감탄했다고 한다. 내용은 다르지만 취지는 앞에서 언급한 과자 장수 남자의 이야기와 비슷하다.

장님이 미래를 예견한 이야기

사람들 사이에 전해지는 이야기가 있다. 옛날에는 미래의 길흉吉凶을 알고 또한 천재지변을 예견하는 사람을 신인神人이라 칭송했다. 예를 들면 우리나라의 아베노 세이메이安倍晴明[145], 고시노 다이토쿠越大德[146]와 같은 사람들을 말하는 것일까. 중국 명나라 때에는 감여堪輿[147]와 녹명

---

[145] 921~1005. 헤이안平安시대 중기의 음양사陰陽師이다. 음양도陰陽道는 당시에는 최첨단의 학문이었던 천문도天文道와 점占 등을 체계적으로 정리한 사상으로 아베노 세이메이는 음양도에서 탁월한 지식과 경험을 겸비하여 당시의 조정에서 귀족들에게 깊은 신뢰를 받았다. 그의 행적은 신비화되어 많은 전설적인 일화가 태어나 역사모노가타리歷史物語인 『오카가미大鏡』나 설화집인 『곤자쿠 모노가타리슈今昔物語集』『우지슈이 모노가타리宇治拾遺物語』 등에 실려 있다.

[146] 생몰년 미상. 나라奈良시대 초기의 산악수행자. 가가加賀(현재의 이시카와현石川県) 하쿠산白山의 개창자開創者로 알려져 있다. 요로養老 원년(717)에 제자인 기요사다淨定와 함께 하쿠산에 올라가 묘리대보살妙理大菩薩을 체득했다. 겐쇼元正천황의 병을 기도로 낫게 하고 덴표天平 9년(737)에는 천연두의 유행을 막았다고 한다.

[147] 감堪은 하늘, 여輿는 땅을 뜻하며, '감여'란 만물을 포용하며 신

祿命[148]이라 하여 사람의 길흉회린吉凶悔吝[149]을 알아내는 술법이 있다. 혹은 역도인酈道人[150]이라는 사람은 사람의 속옷을 보고 그 사람의 고민거리를 알아맞혔는데 무엇이건 간에 들어맞지 않는 일이 없었다. 이것은 어떤 술법이었는지 세상에 전해지지 않았기 때문에 아는 사람은 없다. 지금 세상에서 미래를 알 수 있는 사람은 명승名僧

고 있는 것, 즉 풍수지리를 의미한다. 산수山水와 방각方角 등에 관해 길흉화복을 점치는 사람인 감여가堪輿家는 묘지의 상을 보았으며 풍수가風水家는 집과 정원의 상相을 보았다.

148 개인의 생년월일이나 행년行年의 간지干支 등의 관계로부터 운세나 길흉화복을 점치는 것을 말한다. 중국에서는 당대唐代에 유행했고 일본에서는 헤이안시대 중기 이후에 귀족들 사이에서 행해졌다.

149 유교 경전의 하나인『역경易經』에 있는 말이다. 여기에서 '길吉'은 '흉凶'과는 반대되는 개념으로서, '길'과 '흉'은 시간의 흐름에 따라 바뀌는데, '흉'에서 '길'로 바뀌는 과정에 있는 것이 '회悔'이다. '회悔'라는 한자는 '매번每', '마음속心'으로 뉘우치고 반성하는 것을 뜻하며, 이처럼 '회'의 과정이 있기 때문에 '흉'이라는 좌절을 딛고 '길'로 바뀔 수 있는 것이다. 반대로 '길'에서 '흉'으로 바뀌는 과정에 있는 것이 '린吝'이다. 이 한자는 '글文'과 '입口'의 합성어로서 '아끼다', '인색하다', '주저하다'의 뜻을 가지고 있으며 잘못된 점을 고치는데 인색하고 주저하는 것을 말한다. '마음속'으로 반성하기를 주저하고 글과 입으로만 반성하기 때문에 '길'의 상태에서 '흉'으로 가게 된다는 것이다.

150 미상

이라 칭하는 사람으로서 그래도 천 가지 중에 두세 가지 정도밖에 알아맞힐 수 없다. 원래 역학易學[151]은 미래의 일을 아는 학문이라 하는데, 자세히 배우지도 않고 마음 속에는 속정俗情에 가득 찬 사람이 어찌하여 미래를 예측할 수 있겠는가.

한편, 교토京都의 어느 마을인지는 알 수 없으나 요모이치四方都[152]라는 장님 승려가 있었다. 누구에게 배웠는지 알 수 없으나 사람을 만나서 그 사람의 목소리를 들으면 곧바로 그 사람의 길흉화복을 알 수 있었다. 그것은 그 승려가 원래부터 가지고 있던 능력이었는지 전수한 사람이 있었는지의 여부는 알 수 없다. 이 승려는 해가 지날 때마다 그 능력에 정통하게 되어 다른 사람들에게 많은 도움을 주었으나 자기자신에게는 항상 원망스런 말로

"쓸데없는 재주를 가진 탓에 사람들을 만날 때마다 그 사람의 길흉화복이 마음 속에 떠올라 성가셔서 참을 수

---

151 『역경易經』의 해석학. 『주역周易』의 괘를 풀어서 음양陰陽의 이치, 신과 인간과의 교감交感의 신비神祕를 연구하는 것을 통하여 만물의 변화變化를 설명하는 학문.

152 미상

가 없구나. 잊으려 해도 잊을 수 없으니 이것은 평생의
고통이로구나."
라며 한숨을 지었다고 한다.

때는 분세이文政 13년(1830) 가을 7월 2일(양력 8월 19
일)로서 지금으로부터 27년 전의 일이다. 그날 오후 4시
쯤 교토에서 큰 지진이 일어났다. 교토 안의 창고나 담장
등은 무너지지 않은 것이 없었고 가옥은 거의 무너져 파
손되어 다친 사람도 많았다. 사람들은 매우 놀라 집을 뛰쳐
나와 큰길가에 깔 것을 깔고 임시로 숙소를 만들어 2~3일
은 이곳에서 머물며 지냈다. 어떤 사람들은 대사원의 경
내로 옮겨 여진이 일어나는 것을 피해 있었다. 그런데 3일,
4일이 지나도 아직 여진은 끝나지 않았고 이따금씩 작은
지진이 있었다. 처음에는 밤낮으로 20번 정도 있었고 나
중에는 점차 줄어들어 7~8회에서 4~5회가 되었다. 그리
고 나서 20일 정도 시간이 지나도 여진이 그치지 않았기
때문에 사람들은 어찌할 바를 모르며 두려워했다.

위 사례는 그 당시의 대 학자인 고지마 도잔小島濤山[153]

---

153 1761~1831. 『지진고地震考』 『천경혹문주석天経或問注釈』의 저자.
    아와阿波(지금의 도쿠시마현德島県)에서 교토로 나와 벼슬을 했으

선생이 지은 『지진고地震考』[154]라는 책에 있는 내용으로서
다음과 같은 구절도 있다.

　　옛 말에 의하면 '지진은 처음이 심하며, 태풍은

　　나 형의 죽음으로 사숙私塾을 열고 학문과 산학算學을 가르쳤다.

[154] 분세이文政 13년(1830) 7월 2일에 교토 시내를 중심으로 일어
난 진도 6.5의 지진에 대해 기술한 책이다. 고지마의 제자로서
도로안東隴庵에 사는 사람(미상)이 스승의 말을 받아 적은 후 자
신의 의견을 덧붙인 것이라 되어 있다. 이 책에 의하면 280명의
사망자와 1,300여명의 부상자가 발생했으며 움직임은 상하로
심하게 흔들려 창고는 피해가 없는 곳이 없었으나 민가는 거의
무너지지 않았다고 한다. 이 책에는 지진의 원리에 대해서도 언
급이 되어 있는데 지진이 일어난 후에 여진이 일어나기는 하지
만 그것은 지진보다 약하기 때문에 지진은 연속해서 일어나지
않는다는 것을 지진사地震史를 인용하여 설명하고 있다. 그리고
지진의 전조로서 땅에 구멍이 많이 생기며 모래를 뿜어낸다는
점, 우물물이 탁해진다는 점을 들고 있다. 또한, 지진이 일어난
후의 불안감으로 인해 생기는 혼란은 어느 시대에나 있었으며
이것이 오히려 지진으로 인한 피해를 크게 만드는 중요한 원인
이라 하고 있다. 나아가 지진은 모든 지방이 동시에 흔들리는 것이
아니라 어느 한정된 곳만 흔들리며 그 범위는 지구 전체로 보면
작은 범위라 하고, 지진에는 반드시 중심부가 있어 이곳이 극심하
게 흔들리면 그 진동이 사방으로 전해진다고 하고 있다. 지진의 전
조에 대해서는 태양이나 달이 평소와는 달리 발갛고, 갱도에서 수
증기가 올라오며, 새가 한꺼번에 수천 마리나 하늘로 날아올라갔
다는 기술이 보인다. 이와 같이 지진에 대한 본질을 파악하려 한
기술은『안세이 견문록』에도 상당히 큰 영향을 주었으며, 일본의
지진사에 있어 매우 중요한 가치를 지니고 있는 서적이다.

179

가운데가 강하고, 천둥은 나중이 세다.[155]'라는 말이
있다. 따라서 이 말을 근거로, "처음의 지진처럼 큰
여진은 일어나지 않는다."라 가르쳤으나 여인과 아
이들은 어찌하면 좋을지 걱정하기만 할 뿐이다. 그
래서 옛 서적의 사례를 들어 그 이치를 널리 사람들
에게 알려주겠다.

그리고는 처음에는 큰 지진이 일어났으며 2~3일 정도
는 밤낮으로 20회나 흔들렸다고 기록되어 있다. 이를 통
해 작년 10월에 에도에서 일어난 지진에 대해 살펴보면
그날 밤에 크고 작은 10차례 정도의 지진이 일어났으며,
다음 날인 3일에는 밤낮으로 5회, 4일에는 4회, 5일에는
8회, 6일에는 3회, 10일에는 2회, 11일에는 2회, 12일에
는 1회, 13일과 14일에는 이틀 동안 2회씩, 15일도 또한
2회, 16일에는 4회, 17일에는 3회, 18일에는 밤에 1회가
있었고 이 날에는 비와 번개가 조금 내리쳤다. 19일에는
2회, 20일에는 1회, 21일에는 2회, 22일에는 1회, 24일

---

155 출전 미상

과 25일 이틀 동안에는 1회씩, 26일에는 2회, 27일에는
1회, 28일과 29일 이틀 동안에는 1회씩 일어났고, 이달
에 일어난 총 80회의 여진 중에서 낮에 28회, 밤에 52회
가 일어났다. 그 이후에는 기록할 수조차 없다. 그 후로
부터 시간은 많이 흘렀지만 해를 넘겨 4~5월까지도 때
때로 약한 지진이 있었던 것은 정말로 이전에 일어난 지
진의 여진이었을 것이다. 『화한삼재도회和漢三才図会』[156]
에도 그 여진은 수개월간 그치지 않았다고 기록되어 있다.

몇 해 전의 일이다. 어떤 사람이 교토에서 편지가 도
착했다며 그 편지를 보여주었다. 그에 의하면 예전에 분
카文化 9년(1812) 날짜로는 11월 4일(양력 12월 7일)에
드물게도 에도에서 지진이 일어났다. 그러나 집은 무너
지지 않았고 군데군데의 창고가 조금씩 금이 간 정도였
다. 이 지진은 최근에 일어난 것 중에서는 큰 지진이었기

---

156 1712년에 성립. 데라시마 료안寺島良安 저. 중국의 『삼재도회三
才圖會』를 모방하여 중국과 일본의 고금의 만물에 대하여 천
문・인륜・초목 등 96종류로 분류하고 한문으로 설명한 에도
시대의 백과사전. 105권으로 구성되어 있다. 각 항목은 실제로
전국을 다니면서 답사를 한 후 종류, 제법, 용도, 약효 등을 명기
하여 객관적, 합리적인 설명이 곁들여 있다.

때문에 이것을 진도震度의 표준으로 삼았다. 그래서 예를 들면 에도에서 일어난 지진의 범위를 원의 직경 5분分[157]으로 하고 처음에 교토에서 일어난 지진의 범위를 원의 직경 3촌寸[158] 정도의 그림으로 해서 보았을 때, 교토에서 일어난 지진은 분카 연간(1804~1818)에 에도에서 일어난 지진보다 6배 크다는 것을 알 수 있다. 그리고 그 표준에 따라 때로는 직경을 1분, 2분, 또한 7분, 8분으로 나타낸 것도 있으며 그 날짜까지 자세하게 기록해 두어 마치 그 때 그 장소에 있었던 것처럼 느낄 정도의 편지였다. 이것으로부터 생각해 보면 이번의 지진은 교토의 지진보다는 진도가 적었고 흔들림도 심하지는 않았다. 그러나 『지진고』에서도 쓰여 있는 내용처럼 사람들이 무서워하며 큰 길거리에서 자는 사람들이 적지 않았다. 그렇기 때문에 누구인지는 알 수 없으나 니혼바시日本橋[159] 다리에서

---

157 1촌寸은 3.03cm이며, 그 1/10이 1분分이므로, 5분은 약1.5cm에 해당한다.

158 약9.1cm에 해당한다.

159 도쿄토東京都 주오쿠中央区 니혼바시가와日本橋川 강에 걸려 있는 다리. 또는 도쿄토 주오쿠 북반부의 지명.

"더이상 큰 지진이 일어날 리는 없기 때문에 안심하고 집으로 돌아가십시오. 그렇지 않으면 밤의 찬 공기를 쐬어 나중에 병에 걸립니다."

라는 말을 써서 학식이 부족한 이들도 알기 쉽도록 히라가나를 붙여 알려주고 있었다. 나도 지나가는 길에 그것을 보고는 그 글을 쓴 사람의 진심어린 마음씨에 크게 감동했다.

한편, 분세이文政 연간(1818~1830)에 교토에서 지진이 일어나기 전의 일이다. 앞서 언급한 요모이치라는 장님 승려는 아침에 일어나 사물의 소리를 듣고 매우 이상하게 생각했다. 하인을 불러

"오늘은 분위기가 매우 이상하다. 분명히 재난이 일어날 것이다. 얼른 아침을 먹고 사가嵯峨[160] 쪽으로 나를 데려다 주거라."

라 말했다. 하인도 평소부터 요모이치의 통찰력을 잘 알고 있었기 때문에 서둘러 승려에게 아침밥을 먹이고 자신도 함께 식사를 마쳤다. 그리고는 곧바로 요모이치의

---

160 교토시京都市 우쿄쿠右京区의 아라시야마嵐山 산에서 오무로御室 부근의 지명.

손을 이끌고 서둘러 길을 떠나 사가 근처에 도착했다. 그래도 요모이치는 마음이 불안해서

"이곳도 분위기가 이상하구나. 그렇다면 높은 곳으로 올라가는 수밖에 없다. 아타고야마愛宕山 산[161]에 오래 전부터 알고 있는 아무개 승려가 있다는 것을 자네도 알고 있을 것이다. 자, 그 쪽으로 나를 데리고 가 주거라."

하인은 조심스럽게 아타고야마 산으로 요모이치를 데리고 올라가 그곳에 살고 있다는 아무개 승려를 찾아갔다. 승려는 두 사람을 보더니 이상하게 생각하며

"무슨 일이 있어 이렇게 아침 일찍 오셨습니까?" 라 물었다. 그러자 요모이치가

"그게 말입니다. 오늘은 분위기가 심상치 않습니다. 생각건대 교토 전체가 멸망할 것입니다. 그러나 전조가 일어나지 않고서는 사람들에게 말할 수 없기 때문에 일단 저희들만 집을 나와 사가 쪽으로 갔습니다. 그렇지만 사가에서도 심상치 않은 분위기가 감돌아 여기까지 온

---

161 교토시 우쿄쿠에 있는 산. 동쪽의 히에이잔比叡山 산과 상대를 이루며 산 위에는 전국 각지의 아타고 신사의 총 본산인 아타고愛宕 신사가 있다.

것입니다."

라며 큰 한숨을 지으며 대답했다. 승려도 예전부터 이 장님 법사의 신통함을 알고 있었기 때문에 놀라며 물었다.

"당신의 예감으로는 어떤 재난이 일어날 것 같은지요. 모두 말씀해 주십시오."

요모이치는 이 말을 듣고 대답했다.

"저도 마찬가지로 보통 사람이라 알기 어렵지만, 십중팔구는 화재일 것입니다."

그리고는 잠시 후에 다시 생각하더니

"여기에 있어도 분위기가 좋지 않아 완전히 안심할 수 없습니다. 좀 더 높은 곳으로 가고 싶습니다."

라며 부탁했다. 승려는 이 말을 듣고 대답했다.

"여기보다 높은 곳이라면 호마당護摩堂[162]이 있습니다. 그곳으로 가 보시지요."

요모이치는 기뻐하며 다시 하인의 손에 이끌려 호마

---

162 호마護摩의식을 하며 기도를 하는 불당. 호마의식은 부동존不動尊 앞에서 불을 피우면서 재앙이나 악업惡業을 불태워 없애는 것을 말한다.

당에 도착하자 이곳에서는 기운이 안정되었다.

"잠시 이곳에 있고 싶습니다."

요모이치는 이렇게 말한 후 점심을 먹고 안정을 취하고 있었다. 그런데 그날 오후 네 시쯤 지났을 무렵 갑자기 땅이 진동하자, 요모이치 승려와 그 하인이 있는 호마당은 계곡으로 떨어지고 두 사람은 계곡에 빠져 죽어버렸다.

요모이치는 영묘한 술법을 익혀 다른 사람의 길흉회린吉凶悔吝을 예언했는데 열 명 중 여덟 아홉은 반드시 알아맞혔다. 그런데 자기 자신이 죽을 것에 대해서는 그것을 알아채지 못한 것뿐만 아니라 오히려 기운이 안정되었다면서 안심한 것은 우스꽝스럽지 않은가. 그러자 어떤 사람이 이 일을 논평하며 말했다.

"이것은 매우 이치에 부합된 일입니다. 길吉이 끝에 이르면 흉凶이 되고, 흉이 끝에 이르게 되면 길이 되는 것입니다. 예를 들면 음의 극한에서 양이 생성되는 것과 같은 이치입니다. 이제는 반드시 죽을 수밖에 없는 상황에 이르게 되면, 흉이 오히려 길로 바뀌어 버리는 것입니다. 또한 열 명 중 아홉은 죽고 한 명은 산다는 중병에

걸린 환자의 점을 쳤을 때 건위천乾爲天[163] 또는 지천태地
天泰[164] 등의 길괘吉卦가 나오면 잘 모르는 사람들은 좋은
일이라 기뻐합니다. 그러나 이것은 사실 매우 안 좋은
흉괘凶卦로서 그 환자는 죽을 것입니다. 그 장님 법사의
경우에도 그곳은 길吉이 끝에 이르러 흉凶으로 바뀐 장
소로서, 태연하게 있었던 것은 조금도 이상한 일은 아
닙니다.”

---

163 주역의 첫 번째 괘상卦象으로 양괘陽卦로만 구성되어 있다. ‘건
乾’은 크게 발전하는 것을 상징하며, 창조력의 근원으로서 이
근원의 힘으로부터 천지만물이 생성된다.

164 주역의 64가지 괘들 가운데서 열한 번째의 괘상으로서 가장 이
상적인 형태를 보이는 길운이다. 상하가 화합하여 평안하고 태
평한 길을 연다는 뜻이다.

땅 속에서 불의 기운이 나온
이야기

이번에 일어난 지진 때 땅 속에서 불의 기운이 일어났다. 나의 친구가 시타야下谷[165]에 있는 연못가에서 살고 있었다.

"앗! 지진이다!"

라는 말에 서둘러 밖으로 나와 보자 북북서쪽에서 강한 빛이 일어났다. 그렇다고는 해도 번개와 같은 것도 아니었다. 그 폭은 몇십 미터나 되었는지 알 수도 없이 전체에 불기운이 일어나더니 순식간에 사라져버린 것이다. 이것을 보더니 사람들이 말했다.

"이것은 땅 속의 불기운이 올라온 빛일 것이다."

---

165 도쿄토東京都 다이토쿠台東区 북부에 있는 지구. 높은 곳을 우에노上野라 부른 것에 비해 낮은 지대에 있었기 때문에 시타야로 불렸다.

한편, 다른 곳에서는

"빛은 있었지만 다른 것들에 막혀서 보이지 않았다."
고 말하는 사람이 있었다. 이 경우에는 집들이 빽빽이
들어서 있는 장소나 나무들이 우거져 있는 장소로서 이
런 곳에서는 확실히 보이지 않는다. 특히 이와 같은 큰
지진에 대한 두려움으로 대부분의 사람들은 이 빛을 알
아채지 못했음에 틀림없다. 연못가와 같은 장소에서는
북서쪽이 넓은데다가 저 멀리 도에이잔東叡山 산[166]이 있
는 숲 이외에는 보이지 않기 때문에 그 빛이 확실히 보였
던 것이다. 그러나 그 때 물고기를 잡으러 시나가와品川
앞바다로 나간 사람의 이야기에 의하면 에도 방향에서
번개와 같은 것이 서너 군데에서 보였는데 평상시에 보
던 번개라고 생각했으나 나중에 들어보니 지진이었다고
한다. 그 번개가 보였던 것은 땅 속에 있던 불기운이 나
타났기 때문일 것이다.

이것으로부터 보면 커다란 우레와 동일한 이치라며
사람들이 이야기하는 것도 억지로 갖다 붙인 것이 아니

---

166 도쿄토 다이토쿠 우에노 사쿠라기마치桜木町에 있는 천태종 간
에이지寛永寺 절의 산호山號.

다. 생각해 보면 양의 기운이 음의 기운에게 눌려 있다가 이것을 부수고 터져 나올 때 흔들려 움직이는 것은 당연한 이치이다. 예를 들면, 사람이 학질에 걸리면 피부에 음기가 가득차기 때문에 추위를 느낀다. 한편, 몸 안에서는 열을 가지고 있기 때문에 이제 곧 밖으로 분출하려 하지만 피부에 있는 음기에 닫혀있기 때문에 나갈 수 없다. 따라서 몸을 떨게 하고 잠시 후에 열이 나면 떨림이 멈추는데 이것은 지진의 이치와 같은 것이다.

※   ※   ※

이에 대해 고찰해 보면 실험을 통해 지진의 현상을 만든 것이 『화한삼재도회和漢三才図会』[167]에 나와 있다. 먼저 40~60리터 정도의 통에 거친 모래를 담은 후 물을

---

[167] 1712년에 성립. 데라시마 료안寺島良安 저. 중국의 『삼재도회三才圖會』를 모방하여 중국과 일본의 고금의 만물에 대하여 천문·인륜·초목 등 96종류로 분류하고 한문으로 설명한 에도시대의 백과사전. 105권으로 구성되어 있다. 각 항목은 실제로 전국을 다니면서 답사를 한 후 종류, 제법, 용도, 약효 등을 명기하여 객관적, 합리적인 설명이 곁들여 있다.

붓고 바닥 부근에 구멍을 뚫어 부은 물을 빼 낸다. 예를 들면 물이 빠지는 곳이 있는 그릇과도 같은 것이다. 사람이 그 입구에 입을 대고 공기를 불어 넣는데 몇 명이서 교대로 공기를 충분히 불어넣고 나서 서둘러 그 입구를 막는다. 그렇게 하면 곧바로 사람이 불어넣은 양의 기운이 음의 기운에 막혀 있다가 밖으로 분출하려 하기 때문에 통이 저절로 움직인다. 그리고 그 양의 기운이 사라지면 진동은 멈추게 된다. 이런 현상 때문에 어린이들이 가지고 놀기도 하는데 그 이치는 다른 곳에 있는 것이 아니라 생각한다. 이 방법은 아직 직접 실험해 본 적은 없으나 데라시마 료안寺島良安이 기록해 둔 이유는 그가 아마도 직접 실험해 보았기 때문일 것이다.

※   ※   ※

한편, 지진이 일어난 후 10일~20일이 지나 어두운 밤에 사방에서 빛이 났는데 마치 멀리서 번개가 친 것과도 같았다. 이것을 당시의 주위 사람들에게 말하자 그 빛을 본 사람들이 많았다. 그렇기 때문에 생각해 보면, 땅 속

191

의 양기가 그 지진으로 인해 이미 지표면으로 많이 분출
되었다고는 하지만, 아직 다 나오지 못한 나머지 양기가
밤낮에 걸쳐 조금씩 나온 것일 것이다. 낮에는 태양 빛
때문에 보이지 않다가 밤이 되어서만 보이는 것이다. 높
은 산에 올라가 보아도 그 빛은 어디에서 나오는 것인지
확실하지 않다. 지금 자신이 있는 이 장소에서도 빛이 분
출되고는 있겠지만, 그 장소에 있는 사람이 모르고 있는
것뿐이다.

신이 만민을 불쌍히 여긴다는
이야기

그 때 누가 이야기했는지 모르지만 소문으로 전해지는 이야기가 있다. 이번 대지진이 일어났음에도 불구하고 몸에는 상처도 입지 않고 게다가 목숨도 잃지 않은 사람에 대해서는

"모두 신[168]이 지켜주시기 때문이다. 그렇기 때문에 그 사람이 입은 옷의 소매를 보면 3~6cm 길이의 하얀 털이 있다. 이것은 이세伊勢의 황대신궁皇大神宮[169]에서 하사받은 것으로서 이 털이 있는 사람은 재해로부터 벗어

---

168 여기에서는 아마테라스 오미카미天照大神를 지칭한다. 이자나 기노 미코토伊弉諾尊의 딸로서 태양신이며, 일본신화에서 왕권을 보증하는 천상타계天上他界의 주신主神이다. 황실의 조신祖神으로 이세신궁伊勢神宮에 모셔져 있다.

169 미에현三重県 이세시伊勢市 이스즈가와五十鈴川 강 상류에 있는 이세신궁의 내궁内宮을 말하며, 제신祭神은 아마테라스 오미카미이다.

났다.”

며 서로 이야기했다. 틀림없이 그 때 입고 있던 옷의 소매에서 하얀 털을 발견한 사람이 많이 있었으며, 이것은 더 이상 거짓말이 아니라며 입에서 입으로 서로 전해져 모르는 이가 없었다. 그러나 수억 수조의 사람들 모두에게 이런 일이 있었던 것은 아니니 이것도 또한 이상한 일이다. 원래 우리나라는 신국神國[170]이다. 사람은 모두 상

---

170 일본을 신의 나라라 생각하는 사고방식. 이와 같은 관념은 이자나기노 미코토와 이자나미노 미코토伊弉冉尊의 두 신에 의한 국토의 생성, 태양신인 아마테라스 오미카미를 비롯한 신들의 탄생, 태양신의 자손들에 의한 일본의 통치와 그 무궁성의 주장 등을 골자로 하는 기기신화記紀神話에서 태어난 것으로서 사실 고대에는 '신국'이라는 용어는 그다지 사용되지 않고 있다가 중세시대가 되자 '신국사상'이 역사의 표면으로 부상하게 된다. 가장 큰 이유로서 몽고의 침략이라는 국가적인 위기가 민족의식을 각성시켰는데, 당시는 무사와 귀족 간의 정치권력의 교대기였으며, 천황을 정점으로 하는 고대 귀족체제를 유지하기 위한 이데올로기로서 신국사상이 강조되었기 때문이다. 에도시대에 들어서면 신국사상은 유교사상과 결합되어 기문학崎門學이나 미토학水戶学과 같은 국수주의 사상을 낳게 된다. 나아가 일본중심주의, 고대주의, 반유교주의를 내걸고 새롭게 등장한 국학사상에 의해 활성화 되어 막부 말기와 메이지 유신기의 존왕양이尊王攘夷 운동에 정신적인 기반을 제공했다. 이들 미토학이나 국학의 신국사상에서는 단순히 통치자인 천황뿐만 아니라 신민臣民 자체도 신들의 후손이라는 사고방식이 강조되어 있다.

하귀천을 막론하고 신의 보호 없이는 번성할 수 없다. 그
털도 황대신궁에서 내려주신 백마白馬[171]의 털이라고 한
다. 내가 알고 지내는 어느 노인은 이것을 정말로 믿어
의심하지 않았으며, 가족이나 이웃 남녀의 소매를 조사
해 본 결과 많은 사람들의 소매에서 이 털이 나왔다고 한
다. 길이는 대체적으로 4~5cm 정도로서 하얗고 윤기가
있었다고 한다. 이와 같은 신의 보살핌에 대해서는 우리
들의 어리석은 지혜로는 헤아릴 수는 없다. 머나먼 신의
시대에서 중고中古, 근세近世에 이르기까지 여러 가지 이
상한 일이 일어났는데 이들은 대부분 역사서에 기록되
어 있기 때문에 결코 의심하거나 틀리게 이해해서는 안
된다.

※   ※   ※

이에 대해 고찰해 보면 덴포天保[172] 연간이었는지 이세

---

171 신사에 봉납된 말 또는 제사祭事 때에 사용되는 말을 신마神馬라
    하는데, 현재에도 이세신궁에는 신마로서 백마가 있다.
172 제120대 닌코仁孝천황 시절의 연호. 1830~1844년.

신궁伊勢神宮[173]에 참배[174]하는 것이 유행했다. 전국 각 지방에서 나이든 사람, 어린 사람 할 것 없이 이세신궁에 참배했는데 그 인원은 수천 수만 명이었는지 알 수 없을 정도였다. 따라서 큰 길 일대의 돈 많은 사람들은 여행객들의 피로를 덜어주기 위해 말이나 가마를 내 주어 태워

---

173 미에현 이세시에 있는 황대신궁(내궁內宮)과 도요우케대신궁 豊受大神宮(외궁外宮)의 총칭. 내궁은 황조신皇祖神인 아마테라스 오미카미를 모시며, 신체神體는 삼종의 신기神器 중 하나인 '야 타八咫의 거울'이다. 외궁의 주재신은 농업 등을 관장하는 도요 우케노 오카미豊受大神이다. 메이지明治시대 이후에 국가신도國 家神道의 중심으로서 특별히 보호받았으며 1946년에 종교법인 이 되었다.

174 원문은 '오카게마이리お蔭参り'이다. 에도시대에는 서민들이 이세신궁으로 참배하는 현상이 붐이 되었으며, 기록으로 남아 있는 것만으로도 1650년을 시작으로 하여 1705년, 1718년, 1723년, 1771년, 1830년의 6차례에 이른다. 그 중에서 1718년 과 1723년은 지역적인 현상에 그쳤으나, 1705년과 1771년, 1830년의 것은 전국적인 규모의 것으로서 약 60년을 주기로 이 루어졌다. 원래는 이세신궁으로 참배하는 것은 일반인은 물론 귀족조차 제한되어 있었으나 헤이안平安시대 말기 경부터 신사 와 절로 참배하는 풍조가 늘어나 일반서민들의 참배의 대상이 되었다. 특히 에도시대에는 60년에 한 번씩 이세신궁에 특별한 영험이 있다고 전해졌다. 이것을 '오카게도시お蔭年'라 하는데 이에 대한 기대와 참배가 결합되어 '오카게마이리'라는 집단 참배의 현상이 일어났다. 특히 1830년의 참배 때에는 4개월 동안 미야카와宮川 강의 선착장을 건넌 이가 428만 명이었다고 한다.

주기도 하고 떡이나 과자를 내 주어 자유롭게 먹도록 했다. 게다가 짚신을 주기도 하고 술과 식사를 베풀기도 했다. 그렇기 때문에 한 푼의 노자돈도 준비하지 않고 집을 나선 이라 하더라도 여행하는 데에는 아무런 지장이 없었다. 수백 리의 왕복 길에도 불편한 일은 없었으며 여인이나 어린아이라 하더라도 속이거나 범하는 일은 전혀 없었다. 정말로 신의 깊은 배려가 없이 어찌 이러한 일이 있을 수 있겠는가.

한편 옛날부터 이세신궁에 참배하는 일은 수차례 더 있었는데 보통 60년에 한 번씩 참배한다는 것은 이상한 일이 아닌가. 덴포 연간의 참배 때의 경우, 어디서인지는 알 수 없지만 이세신궁의 부적이 하늘에서 내려와 어느 마을에 떨어졌다. 그 때 이 마을에 사는 사람 한 명이 이세신궁의 참배를 생각해 내서 무심코 여행을 떠나자 이 사실을 전해 듣고 너도나도 할 것 없이 참배를 떠났다고 한다. 그것이 드디어 마을 전체로 그리고 나라 전체로 퍼진 것이다.

어떤 사람이 이세 지방의 야마다山田[175]에서 살고 있었다. 이세신궁의 부적이 몇 장이나 내려와 상인이나 무사

197

의 집 할 것 없이 지붕 위로 떨어졌는데 사람들이 이상하게 생각하고 이세신궁에 확인해 보자 신관神官들의 집에서는 없어진 부적이 하나도 없다는 답변이 돌아왔다. 실로 신의 섭리라는 것은 인간의 힘으로는 알 수 없다는 것을 새삼 알게 되었다. 그때는 많은 부적이 주고쿠中国 지방[176]과 기나이畿内 지방[177]으로 떨어졌으며 그 지방에서는 너나 할 것 없이 모두 참배를 시작했다. 그 후 도고쿠東国[178], 사이고쿠西国[179], 호쿠리쿠北陸[180], 산인

---

175 현재의 미에현 이세시 시가지에 해당하며 이세신궁 외궁의 문 전도시로서 번성했다.

176 혼슈本州의 서쪽 지방. 현재의 오카야마현岡山県, 히로시마현広島県, 야마구치현山口県, 돗토리현鳥取県, 시마네현島根県에 해당한다.

177 교토京都와 가까운 지방이라는 뜻으로서, 현재의 교토부京都府, 나라현奈良県, 오사카부大阪府 일부, 효고현兵庫県 일부에 해당한다.

178 교토의 동쪽 방면에 있는 지방의 총칭. 고대에는 관동関東·동북東北 지방, 나가노현長野県·시즈오카현静岡県보다 동쪽, 시가현滋賀県의 오사카야마逢坂山 산 보다 동쪽 등 그 범위는 시대나 문헌에 따라 다르다. 이것이 중세와 근세시대가 되면 가마쿠라鎌倉와 에도江戸를 가리키게 되었다.

179 교토의 서쪽 방면에 있는 지방의 총칭. 주고쿠中国, 시코쿠四国, 규슈九州 지방.

180 중부 지방에서 동해안에 면해 있는 지역으로서 니가타현新潟県,

山陰[181], 산요山陽[182]의 각 지방에서도 모두 참배를 했다고 한다. 이것은 얼마 전에 일어난 일이기 때문에 누구나 잘 알고 있다. 이와 같은 기이하고 상서로운 현상은 대일본의 삼천 칠백여 군데에 이르는 신사 중에서도 이세신궁 외에는 일어난 적이 없다. 따라서 이번에 천재지변이 일어났을 때에도 이 신이 지켜주셨다는 것은 정말로 근거가 없지는 않은 것이다.

어떤 사람이 억지로 논의를 펼치며 이것을 비판하며 말했다.

"원래 신이 만민을 불쌍히 여겨 이 천재지변으로부터 피하도록 하셨다면 그 예외가 있어서는 안 될 것이다. 그런데도 불구하고 어떤 사람은 불에 타 죽기도 하고 어떤 사람은 깔려 죽기도 하여 그 숫자는 적지 않다. 그렇다면 신은 인간을 차별한다는 것이 아닌가. 이것은 지난번과

도야마현富山県, 이시카와현石川県, 후쿠이현福井県에 해당한다.

181 주고쿠 산지 북쪽의 동해안에 접해 있는 지역으로서 돗토리현, 시마네현, 야마구치현의 북부에 해당한다.

182 주고쿠 산지 남쪽의 세토나이카이瀨戶內海에 접해 있는 지역으로서 오카야마현, 히로시마현, 야마구치현의 중남부, 효고현의 남부에 해당한다.

마찬가지로 기이한 이야기를 즐겨하는 사람들이 만들어
낸 거짓말일 것이다. 내가 이렇게 말한다면

'어찌하여 소매에 하얀 털이 묻어있을 수 있을 것인
가?'

라 말하는 사람이 있을 것이다. 이것은 생각건대 덴포 7
년(1836)에 전국에 흉작이 들었는데 그 해에도 에도江戶
에서는 하늘에서 털이 내려온 적이 있었다. 지금도 그 털
을 간직하고 있는 이가 있다. 그 당시에 전해지던 소문에
의하면

'누군가가 짐승의 털을 볕에 말리고 있었는데 큰 바람
이 불어 털이 날아가 그 지방에 떨어졌을 것이다.'

라 하기도 하는 등 여러 이야기들을 해댔다. 그러나 절
대로 이것은 불가능한 일로서 하늘과 땅의 기운이 어긋
났기 때문에 그런 일이 일어난 것이다. 이미 중국에서도
그런 사례가 있다. 당나라 함통咸通 8년(867) 7월에는 하
비下邳 지방에 뜨거운 물이 떨어져 새와 참새들이 죽고,
송나라 단평端平 3년(1236)에는 피가 떨어진 일도 있다.
원나라 지원至元 24년(1287)에는 7일 밤낮으로 흙이 내
렸는데 2m가 넘게 쌓였고 소를 비롯한 가축들은 모조리

파묻혀 죽어버렸다. 그 외에도 하늘에서 고기가 떨어졌다거나 곡식이 떨어졌다는 일은 옛날 역사책에서도 자주 보이는 일이니 어찌 하늘에서 털이 떨어지지 않을 수 있단 말인가. 원래부터 이상하게 생각할 일은 아니다. 그렇게 떨어진 털이 우연히 사람들의 소매에 붙은 것이다."

이렇게 아무렇지도 않은 듯이 따지며 말했다. 무엇보다 일본과 중국의 옛 사례를 인용하여 그럴듯하게 이야기했기 때문에 듣는 사람들은 이 말을 믿어버렸다. 그러나 그 사람은 제대로 알고 있었던 것이 아니다. 지난 덴포 연간에 털이 떨어진 일에 대해 어떤 사람이 서양의 서적을 참고로 해서 현미경으로 자세히 관찰해 본 결과 그것은 털이 아니라는 것을 알게 되었다. 그래서 그 의견을 종이에 인쇄해서 아는 사람들에게 나누어 준 일이 있다. 나도 한 장 받았는데 지금은 잃어버려서 가지고 있지 않아 기억나는 대로 이곳에 기록해 둔다.

"원래부터 날씨가 안 좋은 날 여름이 되면, 하늘에는 어두운 구름이 뒤덮여 며칠씩이나 햇빛을 볼 수 없을 때가 있다. 이 때문에 비정상적으로 추운 날씨가 계속되면 쌀이나 곡식같은 것들은 제대로 익지 않게 된다. 이때 검은 비구름 속에 벌레가 생기게 되는데 그 모습은 털과 도 같고 길이는 약 3cm 정도 되는 것에서부터 60~90cm 정도에까지 이르는 것도 있다. 그것이 바람이 불어 땅에 떨어지면 풀과 나무의 정기를 전부 빨아먹게 되는데 그 때문에 벼와 기장을 비롯하여 야채와 나물 같은 것은 전 부 익지 못하고 국토는 메말라버리게 된다. 서양에도 이 와 같은 것이 있으며 그 벌레의 이름은 고스사메르[183]라 고 한다. 이번에 하늘에서 내린 털은 이 고스사메르를 말 하는 것이다. 현미경을 통해 이것을 보면 등에 7개에서 8개의 검은 점이 있다. 말하자면 칠성장어七星長魚[184]와 같은 것으로서 입처럼 생긴 곳도 있다. 그렇기 때문에 이것은 단언컨대 털이 아니다. 아마도 전체적인 색은 정

---

183 미상. 원문은 'ゴスサメル'이다. 참고로 '고서머(gossamer)'라 는 것이 있다. 새나 곤충 등은 날개와 바람을 이용해서 하늘을 나는데 비해, 거미는 날개를 사용하지 않고 긴 거미줄을 바람에 날리면서 이동한다. 이때 풀 등에 걸려 있거나 허공을 떠다니는 거미줄 같은 것을 말한다.

184 몸 옆에 일곱 개의 아가미 구멍이 있어 칠성장어라는 이름으로 불린다. 칠성장어는 몸이 가늘고 길며 뱀장어처럼 생겼다. 다른 물고기에 기생하는 생활에 적응했기 때문에 입에는 턱이 없고 빨판 모양을 하고 있으며 이빨이 나 있다.

해져 있지 않으며 대체적으로 노란 색에 검은 빛깔을 띄고 반점과 같은 모양이 있는데 매우 작기 때문에 형태는 알기 어렵다."

라 쓰여 있었기 때문에 이번 지진 때 사람들의 소매에 붙어있었다고 하는 것과는 매우 다르다. 이에 대해서는 나중에 유식한 이의 견해를 기다리도록 하겠다.

쥐가 땅 속에서 대량으로 나타난 이야기

안세이安政 2년(1855) 4월 초순의 일이다. 이와미石見 지방[185] 일대에는 땅속에서 쥐가 나왔는데 그 숫자는 몇 천 몇 만인지 알 수 없었다. 농민들이 잡아 죽인 것을 모아보니 357,000마리 이상이 되었다. 그래도 쥐는 줄어들 기미가 보이지 않았다. 밭에 들어가서는 곡식을 먹고, 콩과 팥 줄기를 마구 먹어 치웠다. 그런데 다음 달인 5월이 되자 어디서인지 수천 마리의 족제비가 나타나더니 이 쥐들을 쫓아버리자 거의 없어졌다고 한다. 사람들은 이 족제비가 어디에서 나왔는지 아무도 알지 못했다. 이 지방 사람들의 말로는 바다에서 갑자기 나타났다고들 하는데 이러한 기묘한 이야기는 좀처럼 있을 수 없는 일

---

185 현재의 시마네현島根県 서반부에 해당한다.

이다.

이 지방 사람들의 말로는 지난해인 안세이 원년(1854)에 전국 각지의 대나무에서 열매가 난 일이 있었다. 농가에서는 그 열매를 5만여 석이나 수확해서 먹을 것으로 삼았는데 생각건대 땅 속에 파묻혀 있던 대나무 열매가 쥐로 둔갑했을 것이라고 한다. 그 증거로서 머리에 대나무 열매의 껍질을 얹은 쥐가 있었는데 땅에서 나와 움직일 때 껍질이 저절로 떨어진 일이 있기 때문이다.

※   ※   ※

이에 대해 고찰해 보면 중국 당唐나라 홍도弘道[186] 초창기에 양주梁州[187]의 창고에서 몸 길이는 약 60cm가 넘는 커다란 쥐가 발견되었다. 그 쥐가 고양이에게 물리자 수백 마리의 쥐가 갑자기 나타나더니 그 고양이를 물어 죽

---

186 중국 당나라 고종高宗 이치李治의 12번째 연호로 683년 12월의 1개월 동안 사용되었다.

187 과거 중국에 존재했던 주州. 『서경書經』에 의하면 고대 중국에 있었던 9개 주의 하나였으며 현재의 사천성四川省과 섬서성陝西省의 한중漢中 지방에 해당한다.

여버렸다. 잠시 후에는 만 마리가 넘는 쥐가 몰려들었다. 이 때문에 양주에서는 사람을 파견해서 커다란 쥐를 잡아 죽였더니 나머지 쥐들은 모두 사라져버렸다고 한다. 이 이야기는 이 책에서의 전체적인 문맥과는 관계가 없지만 쥐에 대한 이야기가 나왔으니 함께 적어둔다.

두꺼비가 큰 뱀과 싸운 이야기

시모사下総 지방[188]의 사람이 들려준 이야기이다. 안세이安政 2년(1855) 7월 16일(양력 8월 28일)에 시모사 지방 소마군相馬郡 오도메大留[189]의 마을에 약 4m가 넘는 큰 뱀이 나타났다. 그러자 50cm가 넘는 커다란 두꺼비가 나타나더니 뱀과 싸웠는데 아무리 시간이 지나도 승부가 나지 않았다. 사람들이 이 이야기를 전해 듣고는 기이한 일이라며 몇 백 명이 몰려들었는지 알 수 없었다. 그런데 밤이 되어도 싸움의 승패가 가려지지 않았기 때문에 구경하던 사람들은 피곤하고 지루해서 집으로 돌아갔다. 날이 밝아 다시 와 보자 뱀과 두꺼비가 아직도 싸우고 있었다. 이렇게 하다가 18일이 되어 밤 12

---

188 현재의 지바현千葉県 북부와 이바라키현茨城県 남부에 해당한다.

189 현재의 이바라키현 기타소마군北相馬郡 후지시로마치藤代町에 해당한다.

시쯤 되자 큰 뱀이 죽어버렸다. 두꺼비는 어디로 갔는지 알 수 없다고 한다.

※   ※   ※

이에 대해 고찰해 보면 『화한삼재도회和漢三才図会』에 개구리가 뱀을 잡아먹었다는 기록이 있다. 『문자집략文字集略』[190]에 의하면 두꺼비의 한자는 '䘏' 또는 '蝦蟇'를 쓰며, 크기는 신발 정도이다. 뱀을 자주 잡아먹는 것이 있는데 그것이 바로 이 두꺼비이다. 생각해 보면 이 이야기에서 큰 뱀과 싸운 것은 두꺼비 중에서 크게 자란 것일 것이다.

안세이 견문록 하권 끝

---

190 중국 남조 양梁나라의 완효서阮孝緒(479~536)가 지은 한자 사전.

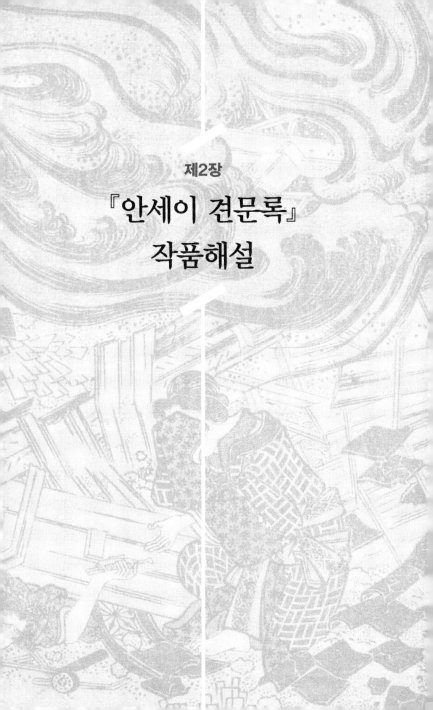

제2장

『안세이 견문록』
작품해설

1. 사람들의 '이야기'를 통한 감동, 교훈, 계몽

『안세이 견문록』의 특징을 이해하기 위해서는 앞서 간행된 『안세이 견문지安政見聞誌』와의 비교가 필요하다. 그 이유는 책의 제목에서 '지誌'와 '록錄'의 차이만 있을 뿐 '안세이 견문安政見聞'이라는 동일한 취지로 제목을 만들고 있다는 점, 상·중·하권으로 되어 있는 전체적인 구성도 비슷하기 때문이다.

『안세이 견문지』는 에도시대 말기에서 메이지明治 초기에 걸쳐 활약한 희작자戱作者이자 신문기자인 가나가키 로분仮名垣魯文(1829~1894)과 잇피쓰안一筆庵 에이주英壽라는 필명을 지닌 이가 둘이서 집필한 르포르타주(탐방, 보고)로서 안세이 2년에 서문을 쓴 것으로 되어 있다. 로분 자신은 이 작품을 출판사로부터 원고의 의뢰를 받은 지 3일 만에 완성했다고 밝히고 있으며, 1856년 2월에 간행되었다. 그런데 이 작품은 단순한 보고서로서의 성격을 가지고 있을 뿐 문학작품으로 보기에는 어렵다. 따라서 『안세이 견문록』은 『안세이 견문지』의 이러한 특징을 의식하였는지 상권 제1화 「지진에 대해서」를

『안세이 견문록』 상중하권의 표지(역주자 소장본)

보면 다음과 같은 구절이 보인다.

　　일본과 중국에서는 옛날부터 이 지진이 일으킨
재해에 대해 역사서에서 기록된 것은 헤아릴 수 없
을 정도로 많다. 그러나 역사서에서는 단지 큰 지진
으로 사람들과 소와 말이 많이 죽었다고만 기록되
어 있고, 그 상세한 내용을 기술하고 있지 않기 때문
에 이제는 이를 추측할 방법이 없다.

　　위 인용문에서 언급하고 있는 역사서란 작자가 구체

적으로 무엇을 지칭하며 썼는지는 알기 어렵지만, 작자가 생각하고 있던 정사正史 또는 통속적인 역사서에서 언급된 지진에 대한 단편적인 기술들, 그리고 지진만을 테마로 한 고지마 도잔小島濤山의 『지진고地震考』(1830년 간행)나 『안세이 견문지』의 내용을 의식한 것은 틀림없다고 볼 수 있다.

그리고 위 인용문에서는 앞서 간행된 서적들의 경우 큰 지진으로 인해 어디서 몇 명이 죽었으며, 어떤 피해가 일어났는지에 대한 기록이 중심이 되어 있는데 비해, 『안세이 견문록』은 '상세한 내용', 즉 지진을 경험한 사람들의 이야기, 이를 통한 교훈담, 작자의 고찰을 제시하고 있다는 점에서 선행 작품들과는 다른 본서의 차별성을 엿볼 수 있다. 그렇다면 본서에서는 사람들의 어떤 '이야기'가 실려있는 것일까. 다음 장에서는 『안세이 견문록』의 범례에서 밝힌 바와 같이 '효孝', '절節', '의義'라는 단어를 키워드로 하여, 작자가 어떤 식으로 이러한 교훈을 제시하였는지 살펴보기로 한다.

2. '효孝', '절節', '의義'의 교훈

『안세이 견문록』은 지진을 경험한 사람들의 어떤 이야기를 담고 있는 것일까. 목차에 실려 있는 총17화의 목록을 보면, 상권 제2화 「효부가 비명非命에 죽은 이야기」, 상권 제3화 「효녀가 죽기 전에 유품을 남긴 이야기」, 중권 제1화 「부모를 버리고 먼저 도망쳐 재난을 당한 이야기」, 하권 제2화 「재산을 버리고 부모를 지킨 남자의 이야기」와 같이 유교에서 가장 기본적인 덕목인 '효孝'를 주제로 하는 이야기가 4화로 가장 많은 비중을 차지한다.

그리고 하권 제1화 「절부節婦가 옷을 버리고 남편의 시체를 찾아낸 이야기」는 지진의 피해로 인해 옷가지보다 남편의 시체를 찾는 것을 중요하게 생각한 여인에 대해 '절부節婦'로 칭찬하고 있다는 점에서 '절節'을 테마로 한 이야기가 1화 있다. 『일본국어대사전日本国語大辞典』(제2판)에 의하면, '절부'란 '절조를 굳게 지킨 부인(節操をかたく守る婦人)', '정절을 지킨 여인(貞節な女性)'의 뜻을 가지고 있기는 하다. 그러나 예를 들면 중국의 경우 고야

213

마 기와무슌山究가『명청시대의 여성과 문학明淸時代の女性 と文学』(汲古書院, 2006)에서 지적한 바와 같이 명청시대 에는 '절열節烈'에 대한 개념의 변화와 확대가 일어나 절 부나 열녀의 기본적인 개념에서 벗어나는 일까지 절부 와 열녀로 칭찬하는 경향이 나타났다고 지적하고 있다. 조선의 경우에도 초간본初刊本『삼강행실도三綱行實圖』의 발문에 의하면, 열녀는 남편이 죽지 않는 이상 나타날 수 없다는 점, 그리고 충신 또한 나라가 어지러워야 나타날 수 있다는 문제점을 들면서, 평상시의 생활 속에서 자신 의 본분에 충실한 것이 '충'이자 '열'이라는 논리를 제시 하고 있다. 따라서『안세이 견문록』에서 언급하고 있는 '절부'라는 용어도 정절을 지키려다 목숨을 잃었다는 좁 은 뜻이 아니라 남편을 위해 헌신한 여인으로 확대해서 이해해도 좋을 것이다.

　이것은 '의'에 대해서도 마찬가지로서『안세이 견문 록』의 작자는 서문에서

　　　평상시부터 염두에 두어 대비하고, 마음속으로부 　　　터 느끼고 깨닫는 바가 있으면 갑자기 재난이 닥쳐

위급한 일이 일어나더라도 은혜를 잊어버리지 않고
의義를 잃어버리지 않는다. 이러한 이야기들을 자세
하게 언급하여 아이들과 어리석은 이, 그리고 여인
들이 깨닫는데 도움이 되기를 바란다.

라며, 위급한 상황에 이르렀을 때 평정심을 잃어버리지
않고 전체적인 상황을 살펴본 후 냉정하게 판단하여 그
상황에 적절한 행동을 할 수 있는 것, 그것을 '의를 잃어
버리지 않'은 것이라 하고 있다. 그리고 이러한 사례를
소개하는 것을 통해 어리석은 이나 여인들에게 교훈이
되기를 의도하고 있는 것이다.

그럼 먼저 상권 제3화 「효녀가 죽기 전에 유품을 남긴
이야기」를 소개해 보기로 한다. 본 이야기에 등장하는
여인은 지진이 일어나자 부모의 안부를 걱정하며 서둘
러 집으로 돌아가는 도중에 무너진 집에 깔리게 된다.
때마침 불길이 다가오자 여인을 구하려던 사람들도 자
리를 피할 수밖에 없었는데, 여인은 평소에 가깝게 지내
던 가시와柏 부부에게 자신의 부모를 보살펴달라는 부탁
을 한 후 자신이 소중하게 생각하던 빗을 부모에게 전해

달라는 말을 남기고는 불길에 숨을 거둔다. 불이 꺼진 후 여인의 어머니가 딸을 찾으러 가 보자 딸은 온 몸이 전부 불에 타 있었지만 얼마나 뜨거웠는지 얼굴만은 땅에 파묻고 있었기 때문에 불에 타지 않았고, 이 때문에 딸의 시체인지 쉽게 알 수 있었다며 이야기를 마무리 짓고 있다.

지진이 일어나면 항상 화재는 뒤따르기 마련이다. 실사판 영화(1976년), 만화(1983년), 드라마(2007년)로도 제작되어 유명한 나카자와 게이지中沢啓治의『맨발의 겐はだしのゲン』이라는 애니메이션의 경우에도 원폭으로 집이 무너지자 아버지와 어린 동생이 무너진 기둥에 깔리는 장면이 그려져 있다. 주인공 겐과 어머니가 아무리 힘을 모아도 구출할 수 없는 상황에서 때마침 화재가 일어나 불길이 가까이 오자 아버지는 겐에게 얼른 자리를 피해서 목숨만이라도 살리라고 하지만, 동생은 겐에게 살려달라고 애원을 한다. 그리고 겐은 자신의 힘이 부족한 것과 더 이상 이곳에 오래 있을 수 없다는 것을 느끼고, 동생에게 마지막 선물로 장난감을 쥐어주며 어머니와 함께 자리를 피한다는 내용이다.

「효녀가 죽기 전에 유품을 남긴 이야기」는 지진으로 인한 화재의 피해와 함께, 그러한 화재 속에서 많은 일본인들이 경험해야 했던 일, 즉 화마 속에서 기둥에 깔린 가족 또는 가까운 이를 구하려고 했지만 불길이 다가오자 하는 수 없이 뒤로 해야 했던 사건을 감동적으로 그리고 있다. 그리고 작자는 지진이 일어나자 여인은 곧바로 부모의 안부를 걱정하며 위험을 무릅쓰고 부모에게 뛰어간 점, 죽기 직전에도 자신의 고통보다는 부모의 안부를 걱정하며 평소에 가까이 지내던 가시와 부부에게 부모를 잘 보살펴 달라며 부탁한 점, 자신이 아끼던 빗을 부모에게 전하면서 자신이 생각날 때면 언제나 빗을 보면서 생각해 달라는 말을 남겼다는 점, 그리고 비록 뜨거워서 얼굴을 땅에 파묻기는 했지만 이 때문에 어머니가 자신의 딸임을 쉽게 알아차릴 수 있었다는 점에서 작자는 '효'라는 주제를 제시하고 있는 것이다. 그렇지만, 이 이야기는 굳이 작자의 의도대로 '효'라는 주제와 관련짓지 않더라도 현대의 독자들에게는 충분히 감동을 주는 이야기가 아닐까 생각한다.

한편, 상권 제2화 「효부가 비명非命에 죽은 이야기」와 중권 제1화「부모를 버리고 먼저 도망쳐 재난을 당한 이야기」는 모두 지진이 일어나자 당황한 나머지 부모(시어머니)를 놓아두고 자신이 먼저 밖으로 뛰어나간 이야기이다. 그렇지만 전자는 '효'를 주제로 한 이야기이며, 후자는 '불효'를 주제로 한 이야기로서 불효를 행한 여인은 재난을 당한다는 서로 상반된 테마를 지니고 있다. 그렇다면 이들 이야기의 주제가 서로 상반되는 이유는 무엇일까.「효부가 비명非命에 죽은 이야기」의 논찬 부분을 인용해 보면

처음에는 놀라서 앞뒤도 가리지 않고 혼자 달아난 것은 보통 사람이라면 누구나 그렇게 할 수밖에 없다. 그런데 이 며느리는 시어머니가 보이지 않는 것에 놀라 지진을 두려워하지 않고 무너진 집 안으로 달려들어가 시어머니를 업고, 재난을 피하려고 했으나 불행히도 비명非命에 죽어버렸다.

라 언급된 부분에서 그 힌트를 찾을 수 있다. 즉, 지진이 일어난 것에 놀라 부모나 시부모보다 먼저 도망친 것은

보통 사람들이라면 누구나 본능적으로 그렇게 할 수밖에 없다는 것을 저자도 인정하고 있다. 여기에서 중요한 것은 그 이후의 행동으로서 부모(시부모)가 집 안에 남겨져 있다는 것을 알고도 부모(시부모)를 구하기 위해 어려움을 무릅쓰고 집 안으로 들어갔기 때문에 '효'의 행위로 칭찬받아야 한다는 것이다.

다음으로 '의'에 대해 살펴보기로 한다. 중권 제2화 「지진으로 한쪽 다리의 살이 떨어져 나간 이야기」는 지진의 피해로 인해 고통스럽게 죽어간 이를 묘사한 매우 인상 깊은 이야기이다. 이 남자가 고통을 당하고 있는 장면에서, 한 명이라도 사태를 냉정하게 판단하는 이가 있어서 남자를 서둘러 구출하려 했다가는 일이 그릇될 수 있다는 사실을 알리고, 남자를 덮은 기둥과 기왓장을 하나씩 치웠더라면 남자의 소중한 목숨을 구할 수 있었을 것이다. 그러나 문제는 주위에 있던 이들은 모두 평정심을 잃어버렸다는 점으로서, 남자를 억지로 끌어냈기 때문에 남자 다리의 살점이 떨어져 나갔으며, 이 때문에 남자는 고통 속에서 죽게 된 것이다. 이 이야기에 등장하는 남자의 이야기에 대한 묘사는 독자로 하여금 지진의 피해에 대한 경각심을 일깨워 주는 것과 동시에 이와 같은 사례를 반면교사로 삼아 재난이 닥쳤을 때 침착하지 못하고 평정심을 잃어버려 올바른 판단을 하지 못하는 것에 대한 훈계를 하고 있는 것으로 주제를 이끌어내고 있는 것이다.

위급한 상황에 이르렀을 때 평정심을 잃어버리지 않고 전체적인 상황을 살펴본 후 냉정하게 판단해서 행동해야 한다는 교훈은 중권 제3화 「유언비어를 믿으면 화를 초래한다는 이야기」에서도 잘 나타나 있다. 지진이 일어난 후 사람들은 피난생활을 했고, 그 빈집에는 도둑이 들끓었다는 이야기는 지난 2011년에 동북 지방을 덮친 동일본 대지진 때에도 자주 뉴스에 등장했다. 본 이야기의 경우 지진이 일어난 지 일주일이 지난 후 쓰나미가 닥쳐올 것이라는 소문을 퍼뜨리는 이가 있었다. 물론 지진이 일어난 지 일주일 후에 쓰나미가 올 리가 없다는 것을 알아차리고, 냉정하게 조언을 하는 이가 있었다. 그러나 사람들은 마치 무언가 홀린 듯이 전후 사정도 가리지 않고 허둥지둥 피난하기에 바빴으며, 결국 쓰나미는 닥쳐오지 않았다. 알고 보니 쓰나미가 올 것이라는 소문을 퍼뜨린 사람은 바로 도둑들이었다는 것이다.

이 이야기를 읽으면, 일본에서 코로나19라는 국가적인 재난이 닥쳤을 때, 휴지가 부족할 것이라는 소문이 SNS를 통해 퍼져 나갔던 일을 떠올리게 된다. 매스컴에서 아무리 유언비어라 언급하고, 사람들도 근거가 없는 소문이라는 것을 알고 있음에도 저마다 휴지를 사재기하는 바람에 슈퍼에서는 한동안 휴지를 구할 수 없는 상황이 발생했다. 또한, 필자의 개인적인 경험이긴 하지만, '○○월 ○○일 오늘은 마스크를 팔지 않습니다'라는 문구가 약국 앞에 붙어 있어도 사람들은 마스크를 사기 위해 아침 일찍부터 약국 앞에서 줄을 서 있었으며, 약국이 문을 열면 곧바로 마스크 판매대로 빠른 걸음으로 걸어 들어가 마스크가 있는지 확인하는 모습도 볼 수 있었다. 이처럼 아무리 유언비어라는 것을 알고 있어도, 그리고 객관적인 정보가 제시되어도, 위급한 상황에 처하면 집단 전체가 냉정한 판단을 하지 못한다는 점에서 본 이야기는 오늘날에서의 지진뿐만 아니라 모든 재난에 대해서도 커다란 시사점을 던지는 이야기라 할 수 있다.

상권 제5화 「굶주린 백성을 직접 구한 무사의 이야기」

의 경우에도 마찬가지로, 재난을 당했을 때 주위의 상황을 냉정하게 판단한 후, 자신이 가지고 있는 쌀로 밥을 지어 굶주린 백성을 구한 무사의 모습을 통해 서문에서 강조하고 있는 '의'로운 모습이 나타나 있는 이야기라 할 수 있다.

3. 지진에 대한 전조, 원리와 해석

『안세이 견문록』의 특징으로 빼놓을 수 없는 것은 지진의 전조와 원인, 현상에 대해 당시의 미신, 음양오행설, 중국과 일본의 선행문헌을 들면서 여러 가지 각도에서 해석하려 했다는 점도 흥미롭다. 특히, 선행문헌의 경우 중국의 문헌으로는『오잡조五雜姐』『대학大學』『역경易經』, 일본의 문헌으로는『일본서기日本書紀』『우지슈이모노가타리宇治拾遺物語』『전태평기前太平記』『겐코샤쿠쇼元亨釈書』『지진고地震考』등이 있는데 그 중에서 특히 데라시마 료안寺島良安이 지은 『화한삼재도회和漢三才図会』의 경우,『안세이 견문록』에서는 직접적으로 영향을 받았음을 언급하고 있다는 것이 특징적이다.

예를 들면, 동일본 대지진 때 쓰나미가 검은색 파도의 모습이었다는 것은 많은 이들이 충격적으로 받아들였으며, 해마다 3월 11일 즈음이 되면 매스컴에서는 쓰나미에 대한 영상과 함께 검은색 파도가 일어나는 원리에 대한 소개도 끊이지 않고 있다. 그런데 이와 같은 쓰나미에 대한 인식은 『안세이 견문록』에서도 중점적으로 다루어지고 있는 부분으로서, 중권 제3화 「유언비어를 믿으면 화를 초래한다는 이야기」를 보면

대개 쓰나미라는 것은 이 책의 처음 부분에서도 쓴 것처럼 지진으로 인해 해저의 진흙이 솟구쳐 올라 검은 파도가 일어 잠시 육지로 밀려들어오는 것이다. 예를 들면 대야에 물을 담아 두고 손으로 대야를 흔들었을 때 천천히 흔들면 물의 흔들림도 적다. 매우 세게 흔들면 흔들림도 강해지고 그 물이 대야 밖으로 넘쳐 흐르는데 쓰나미도 이와 같은 원리로서 땅이 흔들린 힘으로 물이 육지로 거슬러 올라가는 것이다.

223

라 되어 있는 것처럼, 쓰나미가 검은 파도인 이유는 해저
의 진흙이 솟구쳐 올라왔기 때문이라 언급하고 있는 것
을 알 수 있다. 이와 같은 점을 반영해서 중권 제3화 「유
언비어를 믿으면 화를 초래한다는 이야기」와 중권 제4
화 「지진 전후에 지맥이 비틀어지는 이야기」의 삽화를
보면 쓰나미에 대해서는 검은 파도로 표현되어 있는 것
을 알 수 있다.

그런데, 이와 같은 쓰나미에 대한 인식은『안세이 견
문록』의 저자의 독자적인 생각은 아니다. 상권 제4화 「미
천하고 늙은 노인이 천재지변을 예견한 이야기」의 논찬
부분을 살펴보면,

> 이에 대해 고찰해 보면 이 노인과 관련된 사례는
> 앞으로 정말로 잘 알아두어야 한다.『화한삼재도회』의
> 「지진地震」조条에는 다음과 같은 구절이 있다. <중
> 략> 대지진 때에는 바다에서 흙탕물이 솟아올라 검
> 은 파도가 산처럼 되어 거슬러 올라온다. 사람들은
> 이를 쓰나미라 하는데 이것은 부풀어 오른 곳의 지
> 면이 갑자기 줄어들어 가라앉기 때문이다. 따라서

먼 바다에서는 파도가 조용하고 평상시와 다르지 않지만 해안에서만 쓰나미가 일어나는 것이다.

라며 『화한삼재도회』에 실린 쓰나미에 대한 내용이라는 것을 밝히고 있다. 이에 『화한삼재도회』제55권 「지부地部」의 「지진地震」에 실려 있는 해당 부분을 인용해 보면 다음과 같다.

원래 처음에 대지진이 일어나 흔들리면 바다에서 흙탕물이 솟아올라 검은 파도가 돼서 산처럼 되어 거슬러 올라온다(사람들은 이를 쓰나미라 한다). 이것은 부풀어 오른 곳의 지면이 갑자기 줄어들어 가라앉기 때문이다. 따라서 먼 바다는 파도가 조용하고 평상시와 다르지 않다. 대지진이 일어난 후에 몇 개월에 걸쳐 약한 진동이 있는 것은 땅 밑에 잠겨 있는 불의 기운이 아직 완전히 나오지 않았기 때문이다.

위 문장을 보면, 쓰나미에 대해 '바다에서 흙탕물이

솟아올라 검은 파도가 돼서 산처럼 되어 거슬러 올라'오는 것으로 기술되어 있어 『안세이 견문록』의 저자는 한문으로 되어 있는 『화한삼재도회』의 설명을 그대로 일본어로 번역하였다는 것을 알 수 있다. 이처럼 『안세이 견문록』에서 지진에 대한 원리와 쓰나미에 대한 내용에 대해 당시에 베스트셀러였던 『화한삼재도회』의 설명을 인용하였다는 것을 밝히는 이유는 이를 통해 교훈 및 계몽적인 내용이 설득력을 가지도록 했기 때문이라 생각된다.

한편, 『안세이 견문록』에는 지진의 전조에 대해서도 언급하고 있다. 예를 들면 하권 제4화 「땅 속에서 불의 기운이 나온 이야기」에서는 지진이 일어나기 전에 강한 불빛이 나타났다가 순식간에 사라지는 현상을 소개하고 있다. 그 불빛은 번개도 아니면서 그 폭은 몇십 미터나 되었는지 알 수도 없었다는 것이었다. 이와 동일한 현상은 현대에도 보고된 적이 있다. 와다쓰미 기요시弘原海清는 「지진의 예지·예조地震の予知·予兆」라는 논문에서 한신阪神·아와지淡路 대지진 직전에 관찰된 이상異常현상에 대해 소개하고 있는데, 그 중에서 하늘과 대기의 이상

현상에 대한 보고는 총 490건이며, 강한 불빛이 나타났다가 사라지는 현상은 8%에 해당한다는 조사결과를 발표한 적이 있다.

그런데 『안세이 견문록』에는 이와 같은 발광현상의 원인에 대해 음양오행설에 바탕을 둔 고찰이 제시되고 있다. 하권 제4화 「땅 속에서 불의 기운이 나온 이야기」의 논찬 부분을 보면

땅 속의 양기가 그 지진으로 인해 이미 지표면으로 많이 분출되었다고는 하지만, 아직 다 나오지 못한 나머지 양기가 밤낮에 걸쳐 조금씩 나온 것일 것이다. 낮에는 태양 빛 때문에 보이지 않다가 밤이 되어서만 보이는 것이다.

라며 지진의 전조로서의 발광현상은 땅 속에 있는 양陽의 기운이 음陰의 기운에 눌려 있다가 분출하고 나오기 때문에 나타난다고 언급하고 있다. 그리고 이 때문에 땅이 흔들리는 것으로서 여진도 마찬가지이며, 이와 같은 발광현상은 낮에는 태양 빛 때문에 보이지 않지만, 밤이

되면 보인다는 것이다.

다음으로 와다쓰미 기요시의 앞 논문에는 한신·아와지 대지진의 전조현상으로 대지大地가 변화한 사례를 189건 소개하고 있다. 그 중에서 우물물이 갑자기 말라 버리거나 수온이 상승하거나 갑자기 많아졌다는 사례가 10%에 해당한다고 언급하고 있다.『안세이 견문록』에도 중권 제4화「지진 전후에 지맥地脈이 비틀어지는 이야기」에 후쿠다라는 인물이 운영하고 있는 찻집의 마당에서 물이 솟아난 이야기와 함께 우물물이 평상시보다 줄거나 늘었다는 사례를 소개하고 있다. 그리고 우물물이 늘거나 줄어드는 것은 지맥이 비틀어졌기 때문이라는 해석을 제시하고 있다.

이처럼 천재지변이나 전쟁과 같은 커다란 혼란이 일어나기 전에 반드시 그 전조前兆가 되는 현상이 일어난다는 것은 일본뿐만 아니라 중국의 고전문헌에서도 상당히 많이 볼 수 있다. 예를 들면,『일본영이기日本靈異記』하권 제38화「재난과 경사스러운 일의 전조가 먼저 나타난 후에 실제로 재난과 경사스러운 일이 일어난 이야기災與善表相先現而後其災善答被縁」에서는 밤마다 여우가 우는 소리가 들리더니 당堂의 벽을 파고 안으로 들어와서 부처를 모신 불좌위에 똥을 누어 더럽혔다는 것은 교카이景戒의 자식의 죽음에 대한 전조이며, 여우가 울고 씽씽매미가 운 것은 교카이의 말이 죽은 것에 대한 전조라는 것이다.

특히 지진의 전조로 작은 동물들이 이상한 행동을 보인다는 것은 현대에도 잘 알려져 있다. 이에 대해서는 관련 분야에서는 전자파 발생이 원인이라는 등 여러 가지 학설이 있으나 아직 명확한 인과관계는 밝혀지지 않는 상태이다. 『안세이 견문록』에도 지진의 전조로서 동물들이 이상행동을 하는 것을 소개하고 있다. 하권 제6화 「쥐가 땅 속에서 대량으로 나타난 이야기」에서는 이와미石見 지방에서 쥐가 땅 속에서 대량으로 나타났는데, 어디서 나타났는지 수많은 족제비가 나타나 쥐들을 쫓아버렸다는 사례를 소개하고 있으며, 하권 제7화 「두꺼비가 큰 뱀과 싸운 이야기」에서는 시모사下総 지방 소마군相馬郡에서 약 4m가 넘는 큰 뱀이 50cm가 넘는 커다란 두꺼비와 이틀간에 걸쳐 싸웠으며 결국 다음날 밤에 큰 뱀이 죽었다는 사례를 소개하고 있다. 『안세이 견문록』

에서는 그 원인에 대해 전자의 경우에만 고찰하고 있는
데, 쥐는 땅 속에 파묻혀 있던 대나무 열매가 둔갑한 것
으로서, 쥐가 머리에 대나무 열매의 껍질을 얹었다가 움
직일 때 껍질이 저절로 떨어진 일이 있기 때문이라는 해
석을 제시한다. 이 부분의 경우 『안세이 견문록』의 작자
가 어떤 것을 근거로 이와 같은 해석을 제시하였는지 출
전은 미상으로서 아마도 당시의 미신에 바탕을 둔 것이
아닐까 생각된다.

한편, 지진이 일어나는 원리를 소개하는 대목에서는
저자 자신도 의문을 가졌으리라 추측되는 부분이 있
다. 예를 들면, 하권 제4화 「땅 속에서 불의 기운이 나온
이야기」에는 『화한삼재도회』의 기록을 인용하면서 지
진이 일어나는 매커니즘을 소개하고 있다. 이것은 아이
들이 장난감으로도 사용한다는데, 통에 모래를 담고 물
을 부은 후 바닥 부근에 구멍을 뚫어 물을 빼 낸다. 사람
이 그 입구에 입을 대고 공기를 불어 넣고 그 입구를 막
으면 사람의 입에서 나온 양의 기운이 음의 기운과 작용
하기 때문에 통이 저절로 움직인다는 것이다. 그리고 양
의 기운이 사라지게 되면 진동도 멈추게 된다고 한다. 그

런데 이와 같은 방법으로 지진이 일어나는 원리를 재현
할 수 있을까가 문제가 된다. 당시 아이들이 장난감으로
도 사용할 수 있을 정도라면 제작방법이 간단했을 것이
며, 제작된 숫자 또한 많았을 것이다. 그렇지만 『안세이
견문록』의 저자도 '이 방법은 아직 직접 실험해 본 적은
없'다고 하고 있으며, 현재로서는 다른 문헌을 통해 이
와 같은 도구가 실제로 존재했는지의 여부는 알 수 없
다. 그렇기 때문에 '데라시마 료안이 기록해 둔 이유는
그가 아마도 직접 실험해 보았기 때문일 것이다'라 한
것은 결국 『안세이 견문록』의 작자 자신도 의구심을 가
졌기 때문이며 한편으로는 내용에 대한 책임을 『화한삼재
도회』에 돌리고 있다고 생각할 수 있다.

하권 제5화 「신이 만민을 불쌍히 여긴다는 이야기」에
소개되어 있는 3~6cm 길이의 하얀 털에 대한 이야기도
당시의 지식수준을 가늠하게 한다. 그 이유에 대해 『안
세이 견문록』에서는 일본은 신국神國이며 아마테라스 오
미카미天照大神가 지켜주기 때문에 이러한 하얀 털이 내
려온 것이라 해석하고 있다. 이에 대해, 반대의 의견을
펼치는 이의 주장도 소개하고 있는데, 서양에서 전래된

현미경으로 들여다 보았더니 이것은 털이 아니며 고스
사메르ゴスサメル라는 벌레라는 것이다. 여기에서 말하는
고스사메르라는 벌레는 털과도 같은 모양에 길이는 약
3cm~90cm이며 등에는 7~8개의 검은 점이 있다고 하는
데 이것도 무엇을 말하는지 알기 어렵다.

　이처럼 현재의 과학기술로 본다면『안세이 견문록』의
해석은 당시의 전근대적인 과학의 한계라 치부할 수도
있는 구절도 여러 군데 보인다. 그렇지만 이와같은 미신
을 통한 사고방식이야말로, 지진을 비롯한 천재지변이
나 재해에 대한 당시 일본인의 가치관을 살펴볼 수 있는
중요한 단서가 될 수 있다고 생각한다.

4. 재난을 통해 본 인간들의 군상

　『안세이 견문록』에는 지진이라는 재난에 직면했을 때
의 여러 사람들의 군상이 묘사되어 있다. 특히 사람들이
가장 먼저 본능적으로 생각하는 것은 '자신'과 '가족'으
로서, 지진이라는 급박한 사건이 일어났을 때, 살고자 하

는 본능, 가족의 안부에 대한 걱정, 가족을 보살피고자 하는 마음가짐은 일본과 한국이라는 국경을 떠나서, 고전과 현대라는 시간을 초월해서 인간이라면 누구나 가지고 있는 보편적인 감정이다. '코로나 19'로 인해 국가에 따라서는 휴지와 마스크를 사기 위해 서로간에 다툼이 일어나거나 해외에서는 심지어 총기를 구매하는 이가 늘었다는 뉴스도 보이는데, 이것도 결국 위급한 때에는 '자신'과 '가족'을 가장 먼저 생각한다는 인간의 본성이 나타난 것이다.

또한, '생生'에 대한 의지가 강렬히 나타나 있는 것도 특징이라 할 수 있다. 재난이 닥쳤을 때 살고자 하는 마음가짐은 누구나 가질 수 있는 원초적인 욕구이다. 아무리 힘든 상황이 닥치더라도 삶을 포기하지 않는 마음가짐, 그리고 그 의지가 있기 때문에, 다른 사람의 힘든 모습을 보더라도 서로 돕고 의지하는 마음가짐을 가지게 된다. 이것은 일본에 비해 재난은 적었지만, 전쟁이 많았던 한국의 역사를 살펴보았을 때 강대국에 둘러싸여 있었음에도 우리 민족의 역사와 전통을 유지할 수 있었던 원동력이 되어 왔으며, 이러한 '생'에 대한 의지 또한 인간으로서의 보편적인 모습이 아닐까 생각한다.

상권 제4화 「미천하고 늙은 노인이 천재지변을 예견한 이야기」에는 지진이 일어나기 전에 가장 먼저 비축해 두어야 할 것은 바로 음식이라 이야기하고 있다. 본서의 해설을 쓰고 있는 지금도 일본에서는 사람들이 쌀과 물을 사재기 하는 모습이 연일 뉴스를 통해 보도되고 있다. 이처럼『안세이 견문록』에 실려 있는 사람들의 '이야기'는 오늘날의 모습과 매우 닮아있으며, 작자가 전하고자 하는 교훈적인 메세지는 오늘날까지도 유효하다는 점에서 매우 흥미롭다고 할 수 있다.

【부기】

본 해설은 졸고 「『안세이 견문록安政見聞録』 시론試論 －안세이 대지진에 대한 생생한 기억과 교훈－」(『일본사상』제38호, 한국일본사상사학회, 2020)의 내용을 바탕으로 일부분을 가필 수정한 것이다.

역주자 소개

┃ 김영호(金永昊) ┃

1973년생. 서울 문일중고등학교 졸업. 한국외국어대학교를 졸업하고 동대학원에서 일본근세문학 전공으로 석사학위를 취득했다. 그 후 일본 문부과학성 국비유학생으로 가나자와金沢 대학교로 유학하여 아사이 료이浅井了意의 문학에 대한 연구로 석사학위와 박사학위를 취득했다. 한국외국어대학교 강사를 거쳐 현재는 일본 도호쿠 가쿠인東北学院 대학교 언어문화학과 준교수准教授로 재직 중이다. 대표논문으로는 「浅井了意の『三綱行実図』翻訳—和刻本・和訳本と了意—」(『近世文藝』第91号, 2010)가 있으며 저서『아사이 료이浅井了意 문학의 성립과 성격』(제이앤씨, 2012)과 역서『쇼코쿠 햐쿠모노가타리諸国百物語』(인문사, 2013), 『일본 에도시대에 펼쳐진 중국 백화소설의 세계-英草紙-』(제이앤씨, 2016), 공편『新編浮世草子怪談集』(『江戸怪談文芸名作選』第一巻, 国書刊行会, 2016) 등이 있다.